# 授業を変えよう

令和版 学校見聞録

菊池省三

中村堂

# はじめに

２０１２年（平成24年）７月16日に放映されたＮＨＫの人気テレビ番組「プロフェッショナル　仕事の流儀」に出演させていただき、今年（２０２２年）で満10年を数えることになりました。

番組に出演してから、「ぜひ、菊池先生の授業を見せてください。『菊池学級』の子どもたちのリアルな姿を見せてください」という申し込みが殺到しました。また、ＮＨＫ以外の他のテレビ局からも取材の依頼をたくさんいただきましたが、私はそれらのお申し出を全て断らざるを得ませんでした。勤務する学校が、公開を、11月第１週の学校開放週間に限定していたからです。

学校にお呼びできない代わりに、私は、月曜日から金曜日までは教員として学校の教壇に立ちながら、そうしたお申し出にお応えするため、金曜日の朝、スーツケースを最寄り駅のＪＲ小倉駅のコインロッカーに入れてから出勤し、定時に学校を出るとそのスーツケースを転がしながら全国各地に足を運ぶという生活をスタートさせました。

そうした過程で、全国の先生方から、「私のところに、菊池道場の支部をつくらせてください」

| 7月 | | | 8月 | | | 9月 | | | 10月 | | | 11月 | | | 12月 | | |
|---|---|---|---|---|---|---|---|---|---|---|---|---|---|---|---|---|---|
| 1 | 月 | 河口湖町 | 1 | 木 | 午前中滋賀県湖南市 | 1 | 日 | 福島支部勉強会 | 1 | 火 | 中村さん打ち合わせ | 1 | 金 | 三木市立広野小学校 | 1 | 日 | 移動　13時東京書籍 |
| 2 | 火 | 河口湖町 | 2 | 金 | 13：30静岡県駿東地区 | 2 | 月 | 午後岩手・大槌町教育委員会 | 2 | 水 | 中村さん打ち合わせ | 2 | 土 | | 2 | 月 | 小学館取材東京 移動 |
| 3 | 水 | 河口湖町 | 3 | 土 | 映画祭（秋葉さん） | 3 | 火 | 午後岩手・大槌町教育委員会 | 3 | 木 | 小学館取材（北九州） | 3 | 日 | 熊本支部セミナー | 3 | 火 | 中津⑤泊 |
| 4 | 木 | 河口湖町 | 4 | 日 | 東京書籍黒部入り | 4 | 水 | いの町 | 4 | 金 | 合わせ（道場） | 4 | 月 | 熊本支部勉強会戻り | 4 | 水 | 移動日 |
| 5 | 金 | 移動日 | 5 | 月 | 黒部市　移動 | 5 | 木 | いの町 | 5 | 土 | | 5 | 火 | 中津④　泊 | 5 | 木 | 松阪② |
| 6 | 土 | 徳島認定こども園すくすく | 6 | 火 | 浅口③ | 6 | 金 | 仁淀川② | 6 | 日 | 午後　徳教団　移動 | 6 | 水 | 吉富町立吉富小学校 | 6 | 金 | 移動日 |
| 7 | 日 | 徳島支部勉強会移動 | 7 | 水 | いの町　移動 | 7 | 土 | 高知県オレンジリボン | 7 | 月 | 西脇 | 7 | 木 | | 7 | 土 | いの町 |
| 8 | 月 | 越知町　藤崎泊 | 8 | 木 | 香南市 名古屋まで移動 | 8 | 日 | | 8 | 火 | 西脇 | 8 | 金 | 午後　熊本きらり博多 | 8 | 日 | いの町 |
| 9 | 火 | いの町 | 9 | 金 | 三河入り | 9 | 月 | 小学館取材（別府研究所） | 9 | 水 | 西脇 | 9 | 土 | いの町入り | 9 | 月 | いの町 |
| 10 | 水 | いの町 | 10 | 土 | 三河支部セミナー | 10 | 火 | 小学館取材（別府研究所） | 10 | 木 | 西脇 | 10 | 日 | 喜楽研（いの町） | 10 | 火 | いの町　姫路まで移動 |
| 11 | 木 | 移動日 | 11 | 日 | 午前中、三河支部勉強会 | 11 | 水 | 中津② | 11 | 金 | 西脇　移動 | 11 | 月 | いの町 | 11 | 水 | |
| 12 | 金 | 小国町 泊 | 12 | 月 | | 12 | 木 | 中津③　別府まで移動 | 12 | 土 | 大洲市PTA | 12 | 火 | いの町 | 12 | 木 | 午後　米沢北部小学校 |
| 13 | 土 | 移動 | 13 | 火 | | 13 | 金 | 大洲高校同窓会記念講演会 | 13 | 日 | | 13 | 水 | いの町（町研③） | 13 | 金 | 米沢北部小学校（小学館取材） |
| 14 | 日 | 原口さん | 14 | 水 | | 14 | 土 | 移動 | 14 | 月 | 岐阜県大垣市　移動 | 14 | 木 | 移動 | 14 | 土 | 山形支部セミナー |
| 15 | 月 | 熊本支部勉強会　移動 | 15 | 木 | | 15 | 日 | 新潟支部セミナー | 15 | 火 | 浅口icheck | 15 | 金 | 寝屋川市教育委員会 | 15 | 日 | 山形支部勉強会　移動 |
| 16 | 火 | 鳥取ステイ | 16 | 金 | | 16 | 月 | 新潟支部勉強会　戻り | 16 | 水 | 浅口④ | 16 | 土 | 大阪・田村副支部長五校人権教育講演会 | 16 | 月 | 移動　小学館取材（東京） |
| 17 | 水 | 鳥取・宮ノ下小学校 | 17 | 土 | | 17 | 火 | | 17 | 木 | いの町 | 17 | 日 | 東京書籍関西支社セミナー | 17 | 火 | 大阪国際大和田中学高等学校 |
| 18 | 木 | 戻り | 18 | 日 | | 18 | 水 | | 18 | 金 | いの町 | 18 | 月 | 午後　大分大学附属小 | 18 | 水 | 深津小 移動 |
| 19 | 金 | | 19 | 月 | 近畿私学初任者研修（大阪） | 19 | 木 | 沖縄入り | 19 | 土 | 移動日 | 19 | 火 | 移動 | 19 | 木 | 午後宇和島市立鶴島小 |
| 20 | 土 | | 20 | 火 | いの町（町研②） | 20 | 金 | 名護小学校 | 20 | 日 | 原口さん | 20 | 水 | 天理市教育委員会 | 20 | 金 | 移動 |
| 21 | 日 | | 21 | 水 | 午後　島原市教育委員会 | 21 | 土 | 沖縄支部セミナー | 21 | 月 | 原口さん | 21 | 木 | 世羅町入り | 21 | 土 | 広島支部セミナー |
| 22 | 月 | | 22 | 木 | 兵庫県小学校研究部会 | 22 | 日 | 沖縄支部セミナー　戻 | 22 | 火 | 移動日 | 22 | 金 | 世羅小（小学館取材） | 22 | 日 | 広島支部勉強会　戻り |
| 23 | 火 | 大津市教育委員会　移動 | 23 | 金 | 午前中江崎先生学校 | 23 | 月 | | 23 | 水 | 養父市　移動 | 23 | 土 | 移動　18時前夜祭 | 23 | 月 | |
| 24 | 水 | 小学館取材 | 24 | 土 | 徳島支部セミナー | 24 | 火 | | 24 | 木 | 早島町教育委員会　移動 | 24 | 日 | 午後　UD学会全国大会筑波大附属小 | 24 | 火 | |
| 25 | 木 | | 25 | 日 | 徳島支部勉強会 | 25 | 水 | 松阪入り | 25 | 金 | 東久留米市第一小（丹野先生） | 25 | 月 | 河口湖 船津小 | 25 | 水 | 人間ドック |
| 26 | 金 | | 26 | 月 | 北見市教育委員会 | 26 | 木 | 松阪①　泊 | 26 | 土 | 東京支部セミナー | 26 | 火 | 河口湖町道志小中 | 26 | 木 | 中津⑥ |
| 27 | 土 | 第7回全国大会 | 27 | 火 | 倉敷・西村先生学校 大分泊 | 27 | 金 | 大阪ステイ | 27 | 日 | 東京支部→中村堂対談→東京書籍 | 27 | 水 | 河口湖町西桂小 | 27 | 金 | |
| 28 | 日 | 支部長会議泊 | 28 | 水 | 大分県佐伯市渡町台小学校 | 28 | 土 | 和歌山県日高川町 | 28 | 月 | 河口湖町icheck | 28 | 木 | 河口湖町河口小 | 28 | 土 | 17時　忘年会 |
| 29 | 月 | 移動　14：00刈谷市 | 29 | 木 | 中津①　泊 | 29 | 日 | 滋賀セミナー　移動 | 29 | 火 | 河口湖町icheck | 29 | 金 | 河口湖町山中東小 | 29 | 日 | 13時　喜楽研打ち合わせ |
| 30 | 火 | 移動日 | 30 | 金 | 移動日 | 30 | 月 | 移動倉吉・河北小学校 | 30 | 水 | 河口湖町 | 30 | 土 | 静岡PTA　泊 | 30 | 月 | |
| 31 | 水 | 島本町町長対談教育委員会 | 31 | 土 | 福島支部セミナー | | | | 31 | 木 | 河口湖町移動 | | | | 31 | 火 | |

## 2019年　菊池スケジュール

| 1月 | | | 2月 | | | 3月 | | | 4月 | | | 5月 | | | 6月 | | |
|---|---|---|---|---|---|---|---|---|---|---|---|---|---|---|---|---|---|
| 1 | 火 | | 1 | 金 | 小学館取材 東京　移動 | 1 | 金 | 博多入り | 1 | 月 | いの町 | 1 | 水 | | 1 | 土 | 愛知県みよし市みよし |
| 2 | 水 | | 2 | 土 | 広島支部(福山)セミナー | 2 | 土 | 博多支部セミナー | 2 | 火 | いの町 | 2 | 木 | | 2 | 日 | 移動　東京書籍 岡山市内前泊 |
| 3 | 木 | | 3 | 日 | 広島支部(福山)勉強会 | 3 | 日 | いの町入り | 3 | 水 | いの町 | 3 | 金 | 本部合宿 | 3 | 月 | 岡山県教育総合セン |
| 4 | 金 | 19：00共同通信社電話取材 | 4 | 月 | 倉吉市河北小 泊 | 4 | 月 | いの町 | 4 | 木 | いの町 | 4 | 土 | 本部合宿 | 4 | 火 | 浅口① |
| 5 | 土 | | 5 | 火 | 移動 | 5 | 火 | いの町 | 5 | 金 | 松山入り | 5 | 日 | | 5 | 水 | 浅口 移動 |
| 6 | 日 | | 6 | 水 | 善通寺市立中央小学校　移動 | 6 | 水 | いの町 | 6 | 土 | 春まつり/還暦セミナー | 6 | 月 | | 6 | 木 | 午前 喜楽研打ち合わせ |
| 7 | 月 | | 7 | 木 | 松山市立高浜小 | 7 | 木 | 移動 | 7 | 日 | 支部長会議泊 | 7 | 火 | | 7 | 金 | 猪名川町立六瀬中学校 前泊 |
| 8 | 火 | 嘉麻・桂川保育職員の会 | 8 | 金 | 愛媛総合センター　移動 | 8 | 金 | 沖縄・今帰仁町立天底小学校 | 8 | 月 | | 8 | 水 | 浅口入り | 8 | 土 | まるごと研移動 |
| 9 | 水 | 北見市入り | 9 | 土 | 千葉支部セミナー | 9 | 土 | 戻り | 9 | 火 | | 9 | 木 | 浅口icheck説明会 泊 | 9 | 日 | 徳島認定こども園すく |
| 10 | 木 | 北見市　移動 | 10 | 日 | 千葉支部勉強会　移動 | 10 | 日 | 午後　JC | 10 | 水 | 倉吉入り | 10 | 金 | 移動日 | 10 | 月 | 小学館取材（徳島） |
| 11 | 金 | 東京書籍　横浜市教職員組合 | 11 | 月 | いの町ステイ | 11 | 月 | | 11 | 木 | 小学館取材（倉吉） | 11 | 土 | 神奈川支部セミナー | 11 | 火 | 仁淀川③ |
| 12 | 土 | 島田妙子さん対談 | 12 | 火 | 大川村② 泊 | 12 | 火 | いの町入り | 12 | 金 | 北条小学校泊 | 12 | 日 | 神奈川支部勉強会　移動 | 12 | 水 | 仁淀川④ |
| 13 | 日 | 冬の陣 | 13 | 水 | いの町ステイ | 13 | 水 | いの町 | 13 | 土 | 福山ステイ | 13 | 月 | いの町 | 13 | 木 | 仁淀川⑤ |
| 14 | 月 | 大阪 ステイ 移動 | 14 | 木 | いの町 | 14 | 木 | 筒井監督打ち合わせ | 14 | 日 | 前泊 | 14 | 火 | いの町 | 14 | 金 | いの町 |
| 15 | 火 | 午後　喜楽研打ち合わせ | 15 | 金 | いの町 | 15 | 金 | 筒井監督打ち合わせ | 15 | 月 | 暁の星① 泊 | 15 | 水 | いの町(町研大会) | 15 | 土 | いの町 |
| 16 | 水 | いの町 | 16 | 土 | 堀井先生披露宴 | 16 | 土 | | 16 | 火 | 広島・世羅小学校泊 | 16 | 木 | 仁淀川① | 16 | 日 | いの町 |
| 17 | 木 | いの町 | 17 | 日 | | 17 | 日 | | 17 | 水 | 戻り | 17 | 金 | 移動日 | 17 | 月 | いの町 |
| 18 | 金 | いの町 | 18 | 月 | いの町ステイ | 18 | 月 | | 18 | 木 | | 18 | 土 | 豊島区PTA関東支部会 | 18 | 火 | いの町 |
| 19 | 土 | いの町 | 19 | 火 | 午後宿毛市立山奈小学校 松山へ | 19 | 火 | | 19 | 金 | | 19 | 日 | 移動 | 19 | 水 | 午後　福井移動 |
| 20 | 日 | 午後　防府市教職員組合 | 20 | 水 | 松山ステイ | 20 | 水 | 東京入り→川尻先生　東書 | 20 | 土 | 夕方高知入り | 20 | 月 | 河口湖町 | 20 | 木 | 13：30東書打ち合わせ |
| 21 | 月 | 浅口市入り | 21 | 木 | 愛媛　牧野さん | 21 | 木 | 東京書籍夜小学館 | 21 | 日 | いの町ステイ | 21 | 火 | 河口湖町 | 21 | 金 | 浅口icheck戻り |
| 22 | 火 | 浅口市③ | 22 | 金 | 中土佐町立上ノ加江小 | 22 | 金 | 午後、関東支部長会、夕方仙台 | 22 | 月 | 大川村　泊 | 22 | 水 | 河口湖　東書小学館取材 | 22 | 土 | 北九州支部セミナー |
| 23 | 水 | 浅口市打ち合わせ 移動 | 23 | 土 | いの町 | 23 | 土 | 宮城支部セミナー | 23 | 火 | いの町ステイ | 23 | 木 | 道志村（小学館取材あり） | 23 | 日 | 河口湖町入り |
| 24 | 木 | 松阪③ | 24 | 日 | いの町戻り | 24 | 日 | 宮城支部勉強会　移動 | 24 | 水 | いの町 河口湖町入り | 24 | 金 | 河口湖町 | 24 | 月 | 河口湖町 |
| 25 | 金 | 大阪ステイ | 25 | 月 | 下関市立日新中学校　戻 | 25 | 月 | 東京ステイ | 25 | 木 | 河口湖町ichek | 25 | 土 | 東京ステイ | 25 | 火 | 河口湖町icheck |
| 26 | 土 | 徳島移動13時から勉強 | 26 | 火 | 行橋支部勉強会 | 26 | 火 | 小学館取材 | 26 | 金 | 河口湖町ichek　東京 | 26 | 日 | 前日入り | 26 | 水 | 河口湖町icheck |
| 27 | 日 | 徳島組合→高知へ | 27 | 水 | | 27 | 水 | 松山 | 27 | 土 | 移動　岡山支部勉強会 | 27 | 月 | 益田市吉田小学校 | 27 | 木 | 河口湖町icheck |
| 28 | 月 | 室戸市　泊 | 28 | 木 | | 28 | 木 | 松山 | 28 | 日 | 岡山支部セミナー泊 | 28 | 火 | 益田市吉田小学校 | 28 | 金 | 河口湖町icheck移動 |
| 29 | 火 | 室戸市岬小学校　河口湖町 | | | | 29 | 金 | 移動 | 29 | 月 | 戻り | 29 | 水 | 益田市吉田小学校（小学館取材） | 29 | 土 | UD桂先生対談東京泊 |
| 30 | 水 | 船津icheck | | | | 30 | 土 | 兵庫支部セミナー | 30 | 火 | | 30 | 木 | 小学館取材（益田）移動　西宮泊 | 30 | 日 | 河口湖町入り |
| 31 | 木 | 小学館取材東京 | | | | 31 | 日 | 兵庫支部勉強会　移動 | | | | 31 | 金 | 西宮日野の森こども園（松本先生） | | | |

とのお申し出も相次ぎ、「菊池道場」が、自然発生的に出来ていったのです。

しかしながら、そうした活動の中では、私としては決定的に欠けているものを感じていました。それは、「授業」です。週末に皆さんとお会いするわけですから、特別な日程を組んでいただかない限り、行った先に、子どもはいません。したがって、「授業を見せてください」との要望に応えることはほとんどできません。自分のクラスの子どもの様子を動画に収めて見ていただくことが限界でした。

また、平日に行われる教育委員会が主催する研修会などへの参加も、よほどの近隣でなければ参加することができません。

こうしたことだけが理由ではありませんが、学校が開かれていなかったという背景も含め、残り5年の時間を残して早期退職という道を選んだのです。残された時間の中で、私自身が必要とされるのであれば、全国の子どもたちに直接会いたい。そして、共に学びたいという気持ちが高まっていったのです。

2015年3月末、次年度の人事がほぼ固まった段階で退職願を提出し、関係者の皆さんには多大なご迷惑をおかけいたしましたが、2016年度4月から、どんな団体にも所属せず、「教育実践研究家」を名乗り、教育者としての第2の人生をスタートさせたのです。

2022年6月現在、あれから6年が経ち、7年めに入っています。

## ■7年間に歩いた道

4・5ページの表は、コロナ禍に入る前の年、2019年の私のスケジュール表です。このシンプルなスケジュール表をクラウドに置いて、数名の方に共同で管理していただいています。予定が記入されていないマスは、この年で53日でした。年末年始とお盆休みがその内15日です。6月を見るとすべての日に予定が入っています。5月8日から7月18日までは、連続72日間休みがなかったようです。その間、6月21日に北九州に戻り、22日に地元でセミナーを開催し、翌23日に山梨に移動したタイミング以外は自宅に戻っていませんでした。「私の住民票は、ビジネスホテルにある」と冗談を言っていたものです。

2015年4月1日から、2022年6月末までの6年と3か月の間、このスケジュール表をもとに、いくつかの項目でおおよその数を出してみました。

・訪問した都道府県　青森県を除く46都道府県
・訪問した幼稚園・保育園・こども園、小学校、中学校、高等学校、大学の延べ数　700校
・講演、研修、セミナー等の依頼を受けた自治体、教育委員会数　300
・講演、研修、セミナー等の依頼を受けた教職員組合数　30

・講演、研修、セミナー等の依頼を受けたＰＴＡ、企業、介護施設、各種団体　　１８０
・飛込授業を行った回数　　１５００回
・菊池道場の支部で行ったセミナーの回数　　２００回

幸い、いただいた依頼を自身の健康上の都合でキャンセルしたことは一度もなく、今日まで来ています。コロナ禍で、特に２０２０年春以降は、予定されていた様々な行事が中止・延期になってしまったのは残念でしたが、この期間は本を読むことに時間を当て、自身の充電ができたことは不幸中の幸いでした。

教育サークルの多くが、この期間、活動を停止したり、オンラインの活動へと重点を移したりしていく中で、菊池道場は、オンラインも活用しつつ、なるべくリアルの場に集うことを模索し、感染対策を十分にし、参加者数を制限しながら、会場で行うセミナーを配信する試みも重ね、学びを止めないことを心がけてきました。

自然発生的にできた「菊池道場」は、２０１５年7月に兵庫県神戸市で開催した「第1回菊池道場全国支部長会」の場で規約・体制を確認し、正式に「全国ネット　菊池道場」としてスタートしました。それに合わせ菊池道場機関誌「白熱する教室」（中村堂）の刊行をスタートさせ、２０２２年6月末現在、第29号を数えるまでになりました。

全国を巡りながら考えたことを原稿にまとめ、各号に掲載してきましたが、今回、それらを

1冊にまとめる機会をいただきました。第15号以降に掲載した原稿に加筆・修正をした上で再構成し、新たな書き下ろし原稿や未公開の対談などをまとめたものを加え、この本は出来上がりました。

7年間の思いを一言で表すならば、「授業を変えよう」ということです。いろいろ言われても、社会的な批判をされても、結局、変わらないのが学校現場なのかとため息が出ることもあります。しかしながら、「挑む」と宣言して始めた私の活動です。

この期間、最も多くの学校現場を訪れたという自負をもって、さらに挑み続けます。具体的な「授業を変える」ための方法もご提案しつつ、さらに自身の実践を磨いていきます。諦めません。すべては、明るい子どもたちの未来のために。

2022年6月　菊池道場　道場長　菊池省三

もくじ

# 第1章

# 授業を変えよう

## ■飛込授業に込める思い

私が1500回の飛込授業を通して伝えたいことを一言で言うならば、「授業を変えよう」、そして、さらに具体的に言うならば、「悪しき一斉指導から脱却して、対話・話し合いのある授業に転換しよう」ということです。

「悪しき一斉指導」と言うと、「一斉指導にもよさがある」「一斉指導でこそ学力は伸びる」と批判をされることがありますが、私は、「一斉指導は、悪い」と言っているのではありません。「よくない形態の一斉指導の授業を転換しよう」という意味で、「悪しき一斉指導からの脱却」を主張しています。

第3章で、「なぜ『挙手→指名→発表』の授業から脱却できないのか」というテーマで考えたことをまとめていますので、そちらも参照してください。

全国の教室に伺うと、低学年の教室の多くに、「ただしい　すわりかた」「グー・ペタ・ピン！」と書かれた掲示物が教室の前方の右上に貼られています。

椅子に座るときは、机とおなかの間は「グー（こぶし）」1つ分を空け、つま先もかかとも「ペタ」と床に着け、背中はまっすぐに「ピン」としましょう、ということです。

ある学校にお伺いした時に、子どものお尻が動いてしまわないようにと、ゴムのような滑り止めのシートが椅子の上に敷かれているのを見ました。最早、椅子が拘束具のようですらありました。

子どもは、活動的です。就学したばかりの子どもたちは、昨日までの幼稚園、保育園での生活と大きなギャップに苦しんでいるのではないでしょうか。そうした中で、「正しい姿勢」という学習規律に縛られ過ぎているというのが、私の偽らざる実感です。形を整えることが優先され、皆と同じであることを求められ、枠からはみ出さないことが価値とされる教室。そのことの指導のために授業の始まりの時間を費やしている実態。「教育がやせ細っていく」という思いを抱いています。

子どもたちが本来持っている能動性を、学びのエネルギーに転換し、そちらに向かわせていくことこそが教師としての役割だと強く思っています。子どもたちはこうした規律に拘束されると抵抗を始めます。席を離れ、教室を飛び出していきます。現在、全国の学校で起こっている授業崩壊は、子どもが起こしているのではなく、子どもにそうさせている教師に責任があると考えるべきではないでしょうか。子どもたちは体を使って抵抗します。受け止めきれない規律を破ることを目的化せざるを得なくなっているのです。

次のページの「菊池省三が考える『授業観』試案⑥」をご覧ください。

# 菊池省三が考える「授業観」試案⑥
# 中教審の『生きる力』とこれからの授業の関係を考える

1997.01.18　ver.1
2020.01.05　ver.2

## 中教審『生きる力』

**（1）「自分で課題を見つけ、自ら学び、自分で考え、主体的に判断し行動し、よりよく問題を解決する」**

問題解決能力
（問題解決学習）

構成要素
①情緒的感動性（問題に気づく）
②社会的知性（解決の理解　本質を見抜き、認識する）
③社会的実践能力（理解・認識に基づき実際に解決する能力）

**（2）「他人を思いやる心」「感動する心」**
**（3）「自らを律しつつ、他人と共に協調する」**
**（4）「逞しく生きるための健康や体力」**

『生きる力』は
●これからの変化の激しい社会において、いかなる場面でも他人と協調しつつ自律的に社会生活を送っていくために必要となる、人間としての実践的な力である。
●我々の文化や社会についての知識を基礎にし、社会生活において実際に生かされるものでなければならない。

構成要素の③「社会科では『社会を作る力』」
社会を領域としてとらえるだけでは不十分なのではないか

今までの問題解決学習

「生きる力」につながる問題解決学習

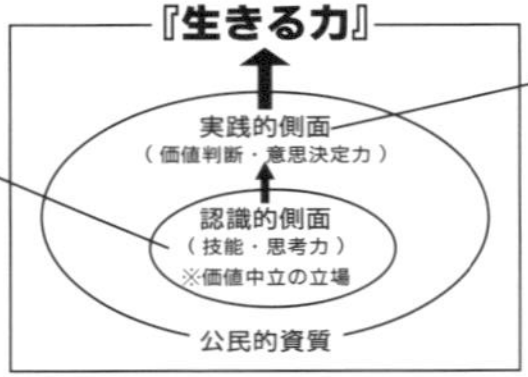


㋐ 認識的主体としての個人を育成する社会科授業
（領域としての社会）
人間生活の関係やその所産に関する領域

領域として対象化される社会についてのよりよい認識をめざす社会科授業

授業の流れ
1　認識上の問題を設定
2　予想を立てたり、調べる観点をもったり
3　調べ、話し合い
4　その解決としてのわかることを求めていく

㋑ 社会的主体（「社会」を作る）としての個人を育成する社会科授業
（人間関係のあり方としての「社会」）

社会を形成する個人として必要な資質のよりよい習得をめざす社会科授業

授業の流れ
1　社会的な問題を設定し、
2　その問題解決を実現するための案を出し合い
3　議論によって
4　その解決方法を求めていく

・技能…「どのように」「どのような」
　過程、構造、技能
・思考力…「なぜ」「どうなるか」
　条件、結果、原因・結果、
　目的・手段の関係　推論

・価値判断力…「善いか、悪いか」
　「すべきか、すべきでないか」
　「それはなぜか」
　価値判断の反省的吟味
・意思決定力…問題場面では「何をなすべきか」
　「どの解決策がより望ましいか」
　「それはなぜか」意思決定

「知る」「分かる」⇔「考える」
⇕　⇕
「過去の認識」⇔「未来の創造」
⇕　⇕
社会認識を深める⇔思考の判断の仕方、能力、技能の習得

**学習指導要領の変遷　『生きる力』**

1989年　新学力観。社会の変化に対応できる心豊かな人間の育成。
1998年　基礎・基本を確実に身に付けさせ、自ら学び自ら考える力などの［生きる力］の育成
2008年　「生きる力」の育成。基礎的・基本的な知識・技能の習得、思考力・判断力・表現力等の育成
2017年　知識の理解の質を高め資質・能力を育む「主体的・対話的で深い学び」

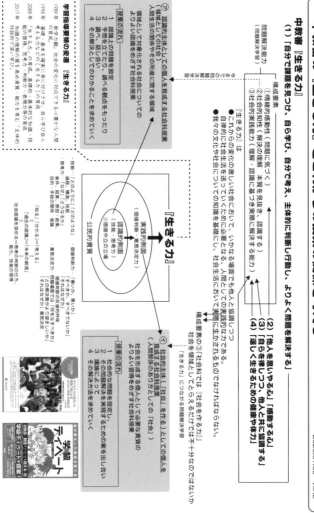

このもとになる資料（ver.1）を作ったのは、１９９７年1月18日です。20年以上経って若干の加筆をしましたが、内容はほぼ変えていません。つまり、今日でも全く通用するし、20年以上経っても、日本の教育の課題は何も変わっていないのです。

この文書を私が作成したのは、当時、中央教育審議会から出された答申「21世紀を展望した我が国の教育の在り方について」の中で示された「生きる力」に共感し、「学力観の転換と共に授業が変わっていく」と大きな期待をしたからです。

平成8年7月19日　文部省中央教育審議会答申

「21世紀を展望した我が国の教育の在り方について」－子供に［生きる力］と［ゆとり］を第1部　今後における教育の在り方

(3)　今後における教育の在り方の基本的な方向

［生きる力］は、単に過去の知識を記憶しているということではなく、初めて遭遇するような場面でも、自分で課題を見つけ、自ら考え、自ら問題を解決していく資質や能力である。これからの情報化の進展に伴ってますます必要になる、あふれる情報の中から、自分に本当に必要な情報を選択し、主体的に自らの考えを築き上げていく力などは、

この「生きる力」の重要な要素である。
また、「生きる力」は、理性的な判断力や合理的な精神だけでなく、美しいものや自然に感動する心といった柔らかな感性を含むものである。さらに、よい行いに感銘し、間違った行いを憎むといった正義感や公正さを重んじる心、生命を大切にし、人権を尊重する心などの基本的な倫理観や、他人を思いやる心や優しさ、相手の立場になって考えたり、共感することのできる温かい心、ボランティアなど社会貢献の精神も、「生きる力」を形作る大切な柱である。
そして、健康や体力は、こうした資質や能力などを支える基盤として不可欠である。

それから約25年が経ち、昨年（２０２１年）、次のような中央教育審議会の答申が出されています。

２０２１年1月26日　文部科学省中央教育審議会答申
「令和の日本型学校教育」の構築を目指して～全ての子供たちの可能性を引き出す、個別最適な学びと、協働的な学びの実現～

第Ⅰ部 総論

1．急激に変化する時代の中で育むべき資質・能力

次代を切り拓く子供たちに求められる資質・能力としては、文章の意味を正確に理解する読解力、教科等固有の見方・考え方を働かせて自分の頭で考えて表現する力、対話や協働を通じて知識やアイディアを共有し新しい解や納得解を生み出す力などが挙げられた。

また、豊かな情操や規範意識、自他の生命の尊重、自己肯定感・自己有用感、他者への思いやり、対面でのコミュニケーションを通じて人間関係を築く力、困難を乗り越え、ものごとを成し遂げる力、公共の精神の育成等を図るとともに、子供の頃から各教育段階に応じて体力の向上、健康の確保を図ることなどは、どのような時代であっても変わらず重要である。

自己肯定感・自己有用感、コミュニケーション等、新しい言葉は入っていますが、めざす教育の姿としてはあまり変わっていないように思います。変わっていないということは、25年前に掲げた「生きる力」の育成は、残念ながら実現していないということではないでしょうか。

私が6年間の中で見た教室は、変わっていませんでした。

「生きる力」が発表されて2年後の著作の中で、「社会科の初志をつらぬく会」の上田薫先生は、つぎのように書かれています。

「多くの教師は、どうやって早く正解を引き出すかばかりを考えている。しきりに〝考えよ〟というのはまさにそのためであって、自分の用意した正解へ簡単にたどりつかせないとか、違った答えをどしどし出させるとかは、まことに思いもよらぬとんでもないことなのである。子どもがいくら頭をしぼってその子らしいおもしろい考えを提出しても、〝もっとしっかり考えよ、考えが不十分だ〟と首を横に振っていっこうに取り合わぬ。そういう指導法を、教室の秩序を固守するかぎり、考えるとは教師のあらかじめ用意している正解を早くさがし出すこと、うまく当てることにほかならないと子どもたちが考えたとしても、何の不思議があるであろう」（「よみがえれ教師の魅力と迫力」（著：上田薫／1999年／玉川大学出版部）

「教室の秩序を固守する」という言葉に、我が意を得たりという感じがします。

2007年度（平成19年度）にスタートした「全国学力・学習状況調査」の学校現場に与えている影響は少なくないと思います。新年度スタート直後のある地域の第1回校長会の場で、教育長から、「学力テストの点数を上げるように」という指導があったという話も耳にしました。もちろんテストの点数も、学力の向上も大切ですが、まず、大切にしなくてはいけないことがあるのではないでしょうか？

教室にいて安心して学べると子どもたちが思えること、どんな意見を言ったとしても「間違い」だと否定されないこと、そして、学びは教室の中で共にするものだという基本的な学習観など、それらが整った上で、学びは初めて成立し、学力は向上していくのです。

## ■「タックマンモデル」に出合って

全国を巡る中で、様々な学びを私自身がさせていただいていますが、その中でも、私の授業論を豊かにしてくださった大きな出来事がありました。

２０２０年10月16日に、尊敬する佐藤郁子先生が教頭をされていた愛媛県松山市立清水小学校の６年１組で川柳についての授業をさせていただいたのですが、その授業をご覧になられた菊池道場愛媛支部の牧野真雄支部長が、私の授業に感銘され、ご自身のチームビルディングという組織づくりの専門的な知見をもとに、その授業を徹底分析してくださったのです。同時に、「教育カウンセリング」「コミュニケーション心理学（ＮＬＰ理論）」「選択理論心理学」の視点から、様々な先生方が集まられて、授業を共同分析してくださいました。

私の授業は、いわば叩き上げのものです。教室という現場の子どもたちと共に試行錯誤しながら創り上げてきたものです。したがって、それを、組織づくりや心理学などの専門的なお立場の方々から科学的な分析を加えていただくことは、私自身の大きな自信にもなるものでした。

研究の結果は、「社会を生きぬく力は　小学校1時間の授業にあった（コミュニケーション科叢書2）」（中村堂）という1冊にまとまっていますが、「タックマンモデル」の考え方が、分析の中心になっています。「タックマンモデル」は、理想のチームを作るためのチームビルディングにおける発達段階を表したモデルで、1965年に心理学者のブルース・W・タックマンが提唱しました。「形成期」「混乱期」「標準期（統一期）」「達成期（機能期）」（「散会期」）と4（あるいは5）期に分け、チームが成長していく各段階で起こる問題をはっきりさせていくことで、チームを機能させ、最高のパフォーマンスができるようにしていこうというものです。

1年間の学級経営に、この考え方を当てはめ、各期、それぞれの特徴とめざす像、そのために必要な手立て、具体的実践をし、子どもたちの成長の1年間を構想しようという取り組みを菊池道場で始めました。さらに、そこに対話・話し合いの授業づくりを重ね、私たちがめざすコミュニケーション科の授業の在り方を、よりはっきりさせようともしています。

1年間の学級経営のスタートでは、1年後のゴールイメージ、あるいは、成長の具体像を明確にもつことが肝要です。このゴールイメージをもって1年間の学びを構想するということが、現在の教室では弱いと言わざるを得ません。「1年間のグランドデザイン」と書かれた年間計画表を見ることがありますが、基本的には教科書の指導内容を時期ごとにまとめただけのものが多いのが実状です。この点の見直しは必要ですし、そこにこそ、現在の指導観が表れていると思います。

私自身、「タックマンモデル」に出合う前に、教室では子どもたちと「成長曲線」を共有して、1年後の成長をめざして共に歩んでいました。また、「菊池省三が考える『授業観』試案②」のような形で、1年間を見通してアクティブ・ラーナーを育てる指導を構想していました。次のページに「タックマンモデル」「成長曲線」「試案②」の3つをまとめて掲載します。見比べてみてください。

私のめざす教室のゴールイメージは、

○健全な共犯関係
○心理的安心感
○学び合う空気感

の3点です。

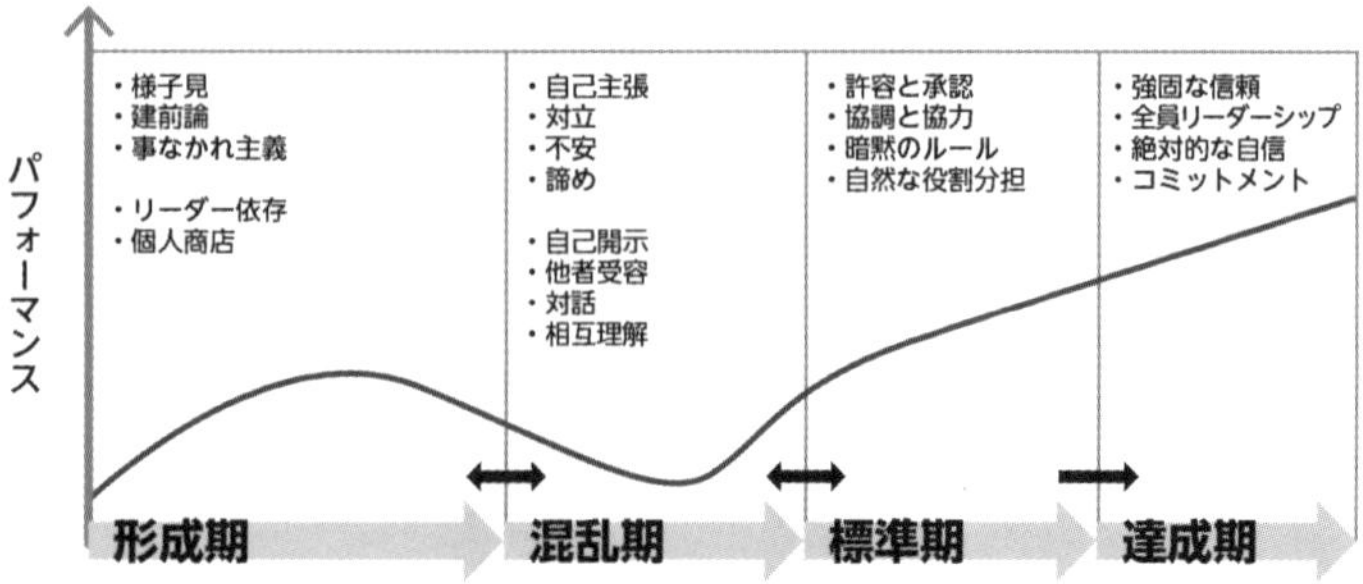


▲タックマンモデル

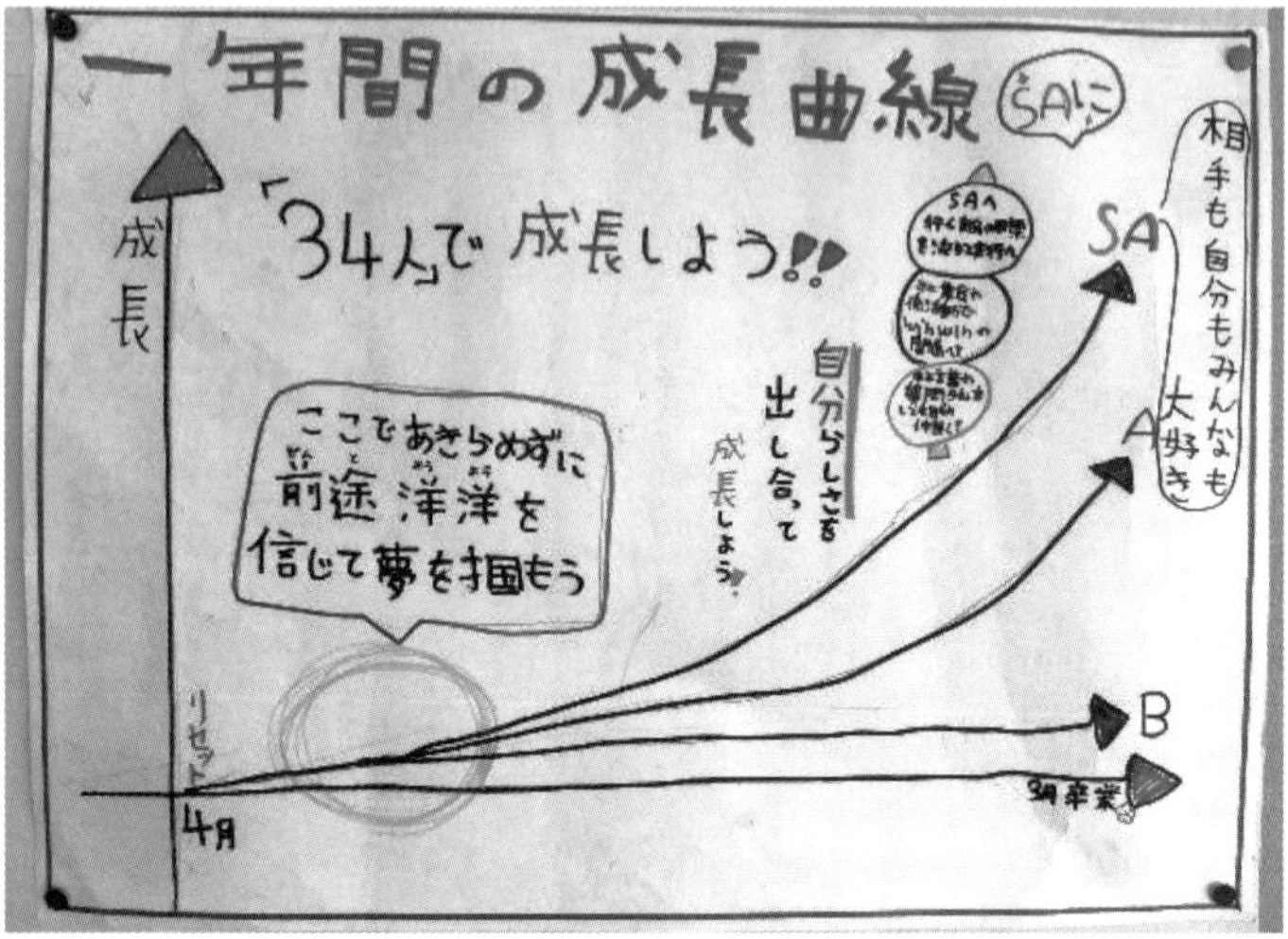


▲菊池学級　成長曲線

# 菊池省三が考える「授業観」試案②　ver.1

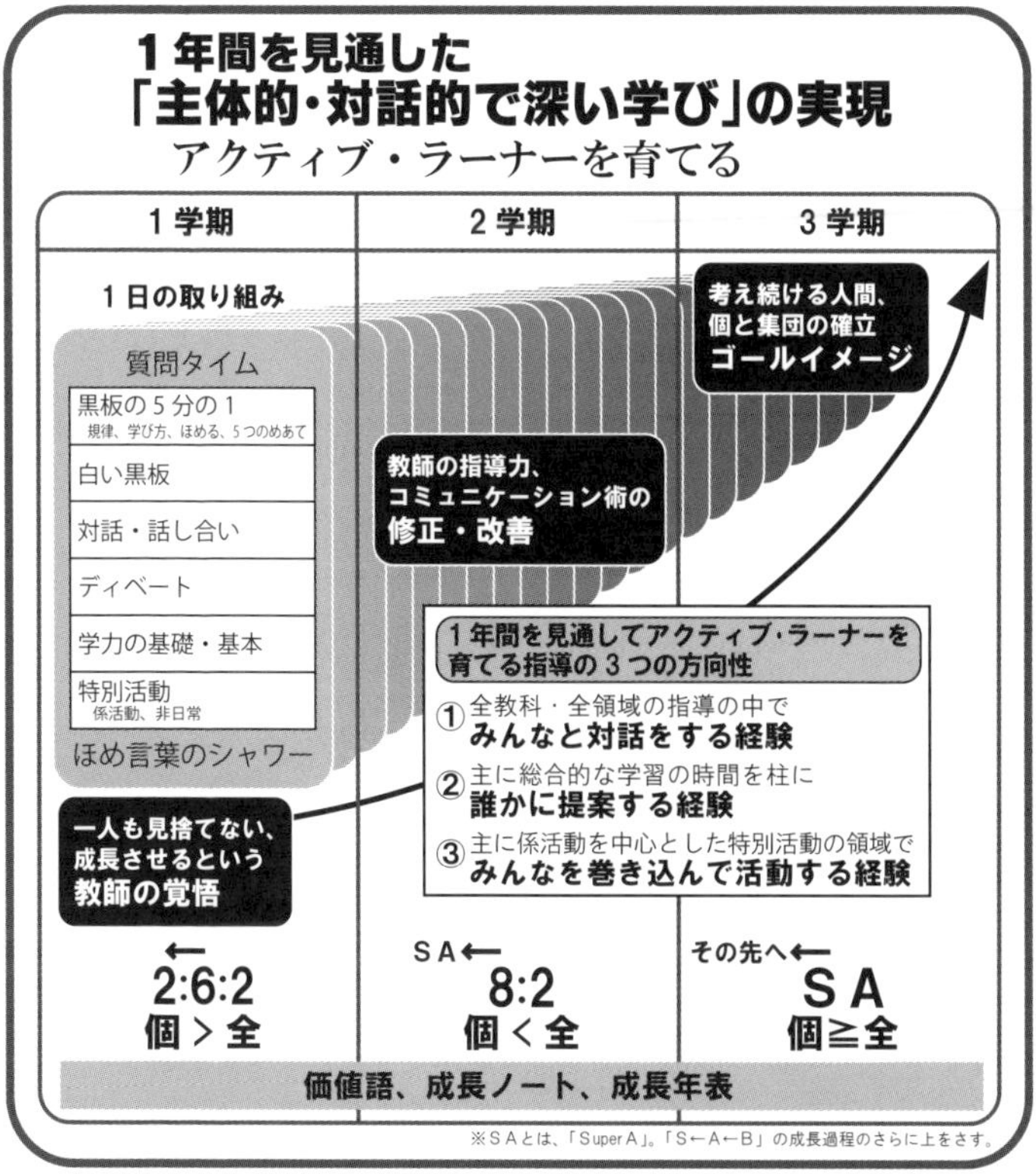
1年間を見通した
「主体的・対話的で深い学び」の実現
アクティブ・ラーナーを育てる
1学期
2学期
3学期
1日の取り組み
質問タイム
黒板の5分の1
規律、学び方、ほめる、5つのめあて
白い黒板
対話・話し合い
ディベート
学力の基礎・基本
特別活動
係活動、非日常
ほめ言葉のシャワー
一人も見捨てない、成長させるという教師の覚悟
教師の指導力、コミュニケーション術の修正・改善
考え続ける人間、個と集団の確立
ゴールイメージ
1年間を見通してアクティブ・ラーナーを育てる指導の3つの方向性
① 全教科・全領域の指導の中で みんなと対話をする経験
② 主に総合的な学習の時間を柱に 誰かに提案する経験
③ 主に係活動を中心とした特別活動の領域で みんなを巻き込んで活動する経験
←
2:6:2
個＞全
SA←
8:2
個＜全
その先へ←
SA
個≧全
価値語、成長ノート、成長年表
※SAとは、「SuperA」。「S←A←B」の成長過程のさらに上をさす。

「健全な共犯関係」とは、子どもと教師が一緒に笑い、一緒に拍手をして、一緒に授業を創っていく教室のことです。

教師が子どもに教える授業を転換して、共に成長する教室を創りたいのです。

正解は教師がもっているという正解主義から離れ、意見の違いを間違いではなく違いとして認め合える教室への転換が、今こそ必要だと思います。教師が、学びを子どもに与えるという立ち位置を根本的に見直しませんか。

○子どもを育てる
↓
○人間を育てる
↓
○学ぶ同志として共に成長する

# 第2章

# 日本全国の学校を訪ねて

# Ⅰ　教師

## ■全国の教室を訪ねて

　コミュニケーションに関する第一人者である齋藤孝先生は、「上機嫌の作法」（角川ｏｎｅテーマ21）という本を２００５年に書かれています。続いて、２０１８年には「不機嫌は罪である」（角川新書）をまとめられました。後者の帯には「上機嫌は今や『職務』です！」と書かれています。

　皆さんは、教室に入る時、どんな表情をしているでしょうか？毎日笑顔でスタートし、笑顔で子どもたちと接することができていますか？

　子どもにとって、毎日顔を合わせ、教室という空間で時間を共にする担任の先生の存在はとてつもなく大きいものです。その先生によってつくられる教室が、安心と安全に満たされ、友達との関係が日々深まっていかなければ、本来の学びに集中できないことは自明のことです。

　その当たり前のことを改めて確認し、「上機嫌の教師」として、子どもたちの前に立ちたいと思います。

放課後、子どもの悪口が飛び交う職員室があります。

「今年の○年生は、落ち着きがない」

「○○くんの乱暴ぶりは手がつけられない」

それを言った時点で教師の敗北だと自覚していただきたいのです。

自分が教師をめざそうとしたときの気持ち、採用されて初めて校門をくぐり、職員室に入ったあの日の気持ち。そこに、私たち教師の原点があるはずです。

私は、全国の教室で飛込授業をさせていただく際は、「子どもたちを担任の先生から奪う覚悟」で臨んでいます。それが、私の授業を受けてくれる子どもたちに対するリスペクトの証だと思うからです。

今年度（2022年度）に入って出会った2人の子どものことをお伝えします。

関東地方のある小学校に伺いました。3年生の教室で授業をしました。A君は、活発な男の子だと事前にお聞きしていました。昨年度は、その子の指導で悩んだ先生が、結局うまくいかず、病欠になってしまったとのことでした。お伺いしたのは4月下旬でしたが、新しく担任になった女性の先生の足には、その子に蹴られたあざができているとのことでした。

私は授業の中で、多少意識してその子に声かけをしました。一つ一つのことに素早く反応するので、そうした点を美点凝視でほめました。少しずつ授業内容に興味をもった彼は、自由な立ち歩きによる話し合いの最後の方では、輪の中心で話し合っていました。

授業終了後、その子の頑張りを彼を知っている多くの先生が口々にほめていました。

その後、私に子どもたちの授業の感想文が届けられました。それが左ページの写真です。一生懸命に書いてくれたのだと思います。これを読むと彼の頑張りを思い出します。私自身が、「ありがとう」という気持ちでいっぱいになります。

> きくち先生へ　きょうじゅぎょうをしてくれてありがとうございます。…そしていっぱいほめてくれてありがとう。きくち先生のじゅぎょうたのしかったです。…またきくち先生とじゅぎょうしたいです。きくち先生はやさしいしおもしろいです。じゅぎょうを教えてくれてありがとうございます。そしてぼくたちをささえてくれてありがとうございます。

「ぼくたちをささえてくれてありがとうございます」という最後の一文には、彼のもつ感性

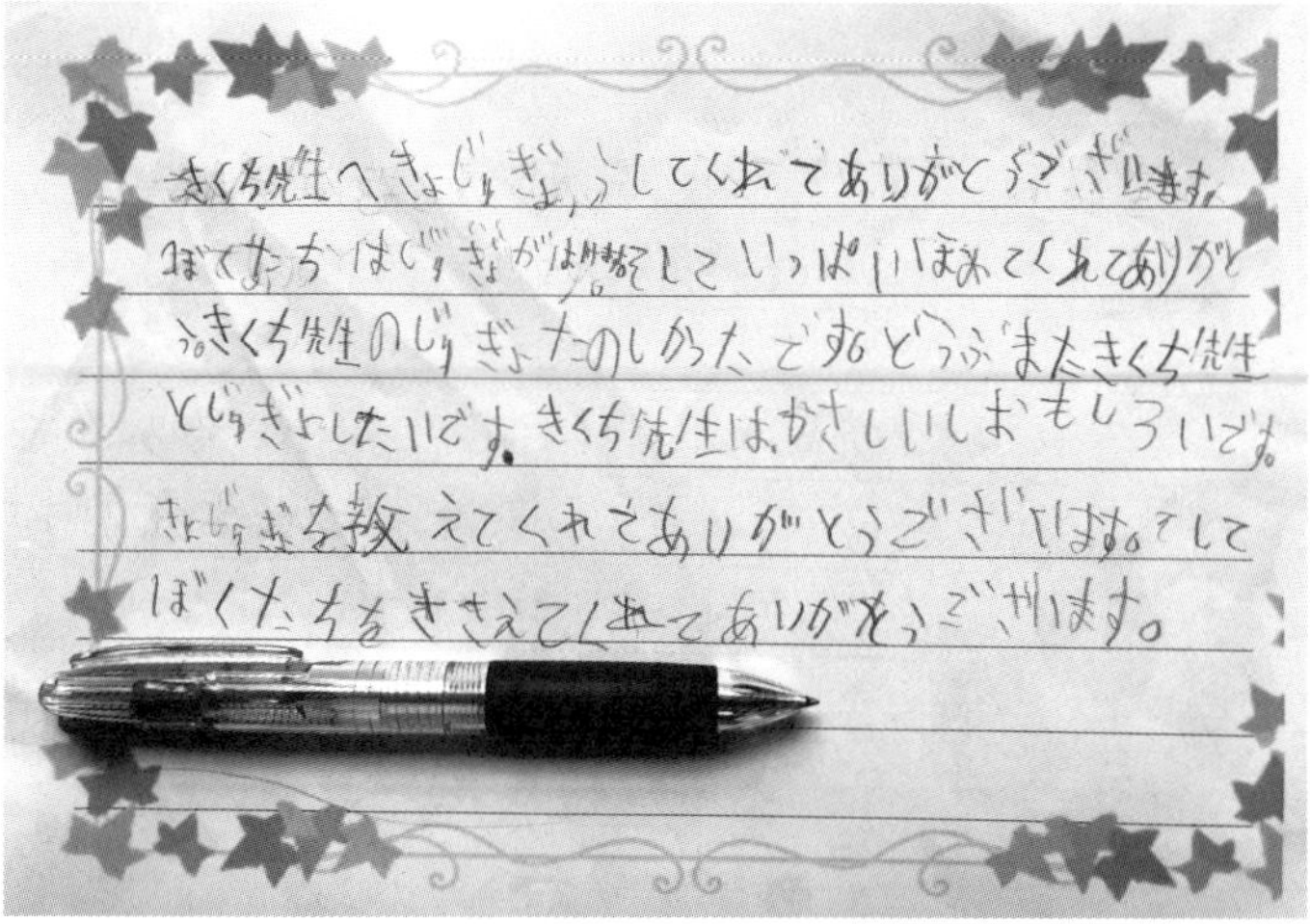

の鋭さを感じずにはいられません。

続いて、九州地方のある小学校で出会った3年生の女の子の姿です。

彼女も、2年生までは授業中に落ち着いて椅子に座っていることができず、勝手に立ち歩くことが日常だったそうです。私の授業が始まった最初の頃は、教科書を頭の上に載せてバランスをとっていました。

問いを出してもあまり反応せず、紙に意見も書かない状態でした。

授業中に拍手を何度もする中で、少しずつ彼女に変化が出てきました。両手を机の上で手のひらを向かい合わせて、拍手をする瞬間を待つ態勢を取り始めたのです。

自由な立ち歩きによる対話を1時間の中で4回ほど設定しました。最初は参加しませんでしたが、2回、3回と重ねる内に少しずつ自席を離れ始め、終盤には友達と積極的に話し合うまでに変化していました。（次ページ写真参照）

授業崩壊、それが高じた学級崩壊が日常化しています。

厳しい言い方ですが、それは、一斉指導の中で先生が発問し、正解が分かる子だけが挙手をして答え、教科書の内容だけを淡々と伝えることが授業だと信じている教師の側に責任があると言わざるを得ないのです。

授業をよくしていこうという発想から。各地で「〇〇スタンダード」や「●●ベーシック」が作成され、それに基づいた授業を進めることが求められている実態があります。必ずしも悪

仮面をかぶる
コミュ力
公
やる気のしせい
ひとりひとり
ちがっていい

いことだとは思いませんが、「スタンダード」や「ベーシック」通りに授業を進めることが求められる中で、一見上手な、あるいはきれいな授業が行われています。ただ、形としては整ってはいるものの、子どものことを見ていないのではないかといった教育長さんもいらっしゃいました。

目の前にいる子どもたちの姿に教師が臨機応変に進めるダイナミックな授業こそを、子どもたちは求めているのではないでしょうか。退屈な授業から逃げ出す子どもたち、それを補助の指導員をつけてまで机に縛りつけようとする学校。深刻な対立がそこにはあります。

学年間でそろえることが絶対視され、掲示物を貼る位置まで指定され、板書の内容（「めあて」を書く位置まで）が決められている教室で、個の確立した集団が育つはずはないのです。

私は、飛込授業では「5分の1黒板」を大いに活用しています（「5分の1黒板」の詳細は、『5分の1黒板』からの授業革命　新時代の白熱する教室のつくり方』（コミュニケーション科叢書3、中村堂）を参照してください）。

左の写真は、ある日の飛込授業の際に描いた「5分の1黒板」です。

## やる気のしせい
## 音をけす

ひとりひとりちがっていい
自分→友だち
一人が美しい

私のめざす授業の方向を端的に示しています。

・**やる気のしせい**

「グー・ピタ・ピン」の外形的な形にこだわった指導ではなく、学びへの意欲も含めた学びの姿勢を示しています。

・**音をけす**

「静かにしなさい」と連呼するのではなく、めざす状態を示します。

・**ひとりひとりちがっていい**

子どもたちは、周りと同じであることの価値を求められ過ぎています。同調圧力の中で出される発言が「前の人と同じです」です。「前の人と同じです」と言うことで、一人で責任を負わなくてもよい方へと逃げ込んでしまうのです。

・**自分→友だち**

学びを共にするところが学校であり、教室です。自分から友達に関わり、意見を広げていきます。

・**一人が美しい**

一方で、群れるのではなく、必要な時には集団の中にあって自分らしさを主張できる強さを育てたいものです。

## ■意見と反応は違う

「意見」について考えてみます。意見は、立場を決めて根拠を伴った考えです。対話は、必ず各自が意見をもってするものです。単なる感想を述べ合うとか、反論を述べ合うというものではありません。理由がないものは、ただの反応であり、場合によっては授業の中の雑音です。

授業の中で、10分とか15分の間、それぞれが意見をもって話をするということは、教師の出す問いに対していくつかの意見が出され、分裂して、それぞれの理由はどこにあるかという立場を決めることです。それによって、対話が成立していくわけです。

ディベートの経験、あるいは、ディベート的な話し合いの経験をすると、そこで培われるのは「人と論を区別する」という、議論をする上で最も根底となる、あるいは原初的なルールです。「人と論を区別する」「人と意見を区別する」という価値語を知っていて、体験的にそのことを身につけていればこそ、白熱した議論ができるのです。

技術的なことをいくら説明しても、対話はできません。意見が分裂する問いがあり、理由のある意見をもつことができ、人と意見を区別した話し合いができる関係性がある。こうした、丁寧な指導を重ねる中でしか、本物の「対話・話し合いのある授業」はできるものではないのです。

## 正解主義を超えて

納得解の話し合いを、正解主義を超えて、何度も経験することで強い学び手を育てていくことができます。納得解の話し合いで鍛えられた子どもたちは、絶対解の話し合いも楽しむことができます。本書でも後ほどふれますが、タックマンモデルの内、初期の「形成期」、あるいは「混乱期」で、絶対解に近づくためだけの話し合いをしていると、話し合いをする子は、クラスの中の一部に限定されてしまいます。対話・話し合いの本来の楽しさを経験しないと、正解、絶対解を求めてしまうのです。普段のテストの点数が高いか低いかだけで評価されてしまうと、「点数の高いあの人が言うから正しいだろう」というような心理が、子どもたちにできてくるのではないかと思います。

ですから、納得解の対話・話し合いで、それのもつ面白さや楽しさというものを感じさせてあげたいと思います。そのためには、一人ひとりがもつ意見が大事です。意見は、正解・不正解があるのではなく、人と違うだけです。どこにも正解も不正解もないのだから、皆でよりよいものを創り上げていこう、皆で納得解に行くことができるようにしようという集団に育てたいと思います。学びの経験の中で、そういう学びの価値付けをしてあげることが大切です。

ディベートは、かみ合った議論と言います。そういう力が本来あるものですが、多くのディベート、あるいはディベート的な授業は、厳密にはかみ合わせていないように思います。先生の指導コメントでも、よくて「相手の意見を引用していましたね」とか「相手のここに意見がいきましたね」というレベルで、かみ合った議論という時のレベルが低いのではないかと思っています。対話の質を深めていこうとすると、教師がその部分の在り方のアドバイス、プラスの評価をきちんとしてあげないと活動ありきのレベル、とりあえずディベートをしたというレベルに終始してしまうのです。教師が、何をもって「かみ合った」と評価ができるかの力量が問われます。

また、クライマックス、起承転結の転、ピナクル、あるいは反論という言葉のような、討論にふさわしい、教科における学習用語をきちんと教えていないとかみ合った議論はできません。子どもたちの議論を聞きながら、「それをピナクルと言うんだよ」とか、「今のが、かみ合った反論なんだよね」と、子どもたちがディベートに一生懸命に取り組んでいる時に指導を加えられるかどうかが、私たち教師には問われると思います。討論・話し合いは、教室の総合力です。単なる活動ではないのです。

## ■動きのある授業

話し合い・コミュニケーションの授業では、黒板が子どもたちにも開放されます。また、自由な立ち歩きも含めた少人数の話し合いが活発に行われます。結果的に、教師が子どもたちの視界から消えていきます。1つの授業のゴールイメージとして、私はこの3点を意識しています。

今の教室の中で行われている授業の中でよくないのは、「黙って静かに先生の話を席に座って聞く」ことを一番の価値にしているものです。

そうした、「悪しき一斉指導の教室の普通にあるもの」をなくしていきたいと思っています。飛込授業で「黒板に書きましょう」と言ってチョークを渡すと、しばらく固まってしまう子もいるほどです。同調圧力と正解主義が、背景にあると私は思っています。「黒板は先生が書くもの」という固定観念を打ち破っていきたいですね。

次のページの「菊池省三の考える『授業観』試案④」に、「教師のパフォーマンス力」と示しています。その横には、「演じる」と「みる目」と書いています。教師が演じることで、子どもも動き始めます。心理学で言う「ミラーリング」に近いのではないかと思います。教師が演じるから、子どもたちも動くのです。教師がしているから、その鏡として子どもが同じことをするようになるのです。そうした点も緻密に考えて、自身の教室の中での振る舞いに細心の注意を払っていくことは大切なことだと思います。

一斉指導で進んでいく授業で辛い思いをする子が、教室にたくさんいます。学び方、表現の仕方のヒットポイントは、子どもたち一人ひとり違うということに教師は想像力をはたらかせ、それを丁寧に見つけていく。そして、その子が生きるパフォーマンス、授業づくり、学級づくり、教室づくりをしていかなくてはいけないと思います。

菊池省三が考える「授業観」試案④

ver.1

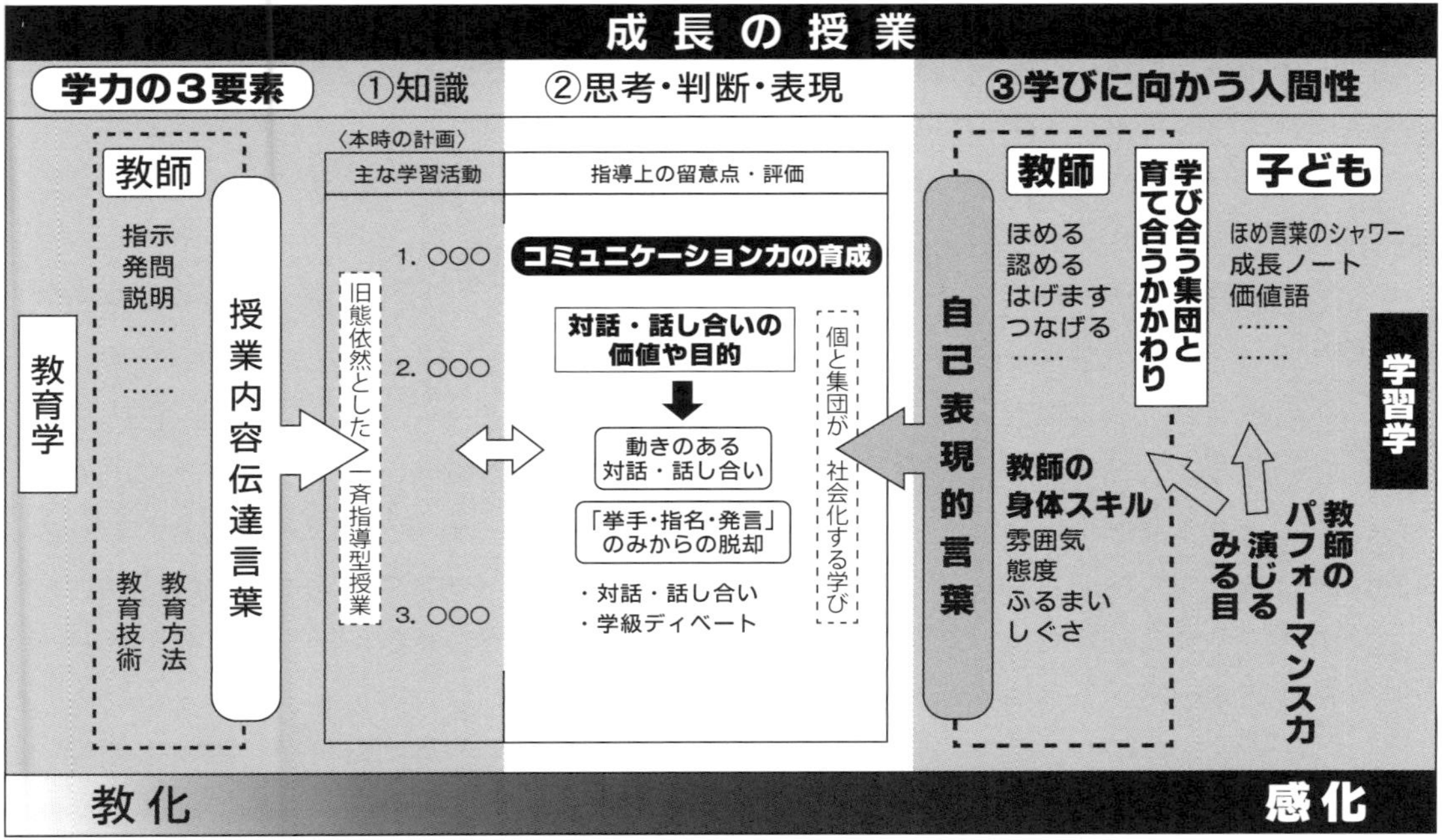

## Ⅱ　管理職、教育委員会

市町村単位で「菊池実践」に取り組んでいただく地域が増えてきました。最初は、委員会主催の研修などに講師として呼ばれ、その後、「また来てください。次回は、学校で授業をしてください」と、次第に取り組みが拡大していくことが多くあります。

現在、以下の自治体から委嘱を受け、継続的な取り組みをさせていただいています。

| | |
|---|---|
| 高知県吾川郡いの町 | 教育特使 |
| 大分県中津市 | 教育スーパーアドバイザー |
| 三重県松阪市 | 学級経営マイスター |
| 岡山県浅口市 | 学級経営アドバイザー |
| 兵庫県西脇市 | 教育スーパーアンバサダー |
| 山梨県南都留郡富士河口湖町 | 教育アドバイザー |
| 滋賀県湖南市 | 学力向上アドバイザー |

これらの自治体の取り組みについて簡単に紹介いたします。

## ■大分県中津市の取り組み

２０１６年（平成28年）に、教育スーパーアドバイザーの委嘱を受けました。中津市では、この年から「ほめあうまち　なかつ」（ＨＯＭＥ－ＭＡＣＨＩ）推進事業を推進しています。

つぎのような事業に取り組まれています。

①モデル授業…推進協力校でのモデル授業公開
②教職員研修会…モデル公開授業、追試授業参観、事後研修会講師
③地域講演会…モデル地域の公民館で地域住民向けの人権講演会を実施
④ＰＴＡ人権講演会…推進協力校の保護者向けの人権講演会を実施
⑤啓発活動…「あいさつプラスワン」運動ののぼり旗を設置
⑥学校、家庭、地域の日常の取り組み

・学校（ほめほめタイム・価値語カレンダー、価値語ポスターの掲示、ありがとうの木などの取り組み）
・家庭、地域（「あいさつプラスワン」運動の励行…普段の挨拶にほめ言葉をつけ加えて伝える）
⑦検証　Q－U、i－Check、アンケート
⑧モデル地域以外への啓発
・中津市「協育」フォーラム

中津市の教育委員会は、学校教育課だけの取り組みではなく、社会教育課も関わってくださっていることで、学校だけではなく地域に取り組みが広がっていくことを嬉しく思っています。

## ■三重県松阪市の取り組み

２０１６年（平成28年）に、学級経営マイスターの委嘱を受け、「松阪市学級経営マイスター事業」に関わらせていただいています。当初３年間の予定でしたが、現在、その取り組みは７

年めになっています。

事業の目的については、教育委員会では、「学力向上に向けて、児童生徒が安全で安心して学ぶことができる学級づくりや主体的・意欲的に学ぶことができる学級づくり等、学びの土台づくりについて教職員が学ぶこと」とまとめています。

年に3回の訪問ですが、内容の連続性、継続性が強いと感じています。昼間の通常の研修だけでは満足できないと感じられた先生方が、「サロン de 菊池」と命名した自主的な研修会を実施されるなど、学校現場に根差していることが感じられる地域です。

## ■岡山県浅口市の取り組み

浅口市の「学級経営アドバイザー事業」は、2018年（平成30年）からスタートしました。

浅口市の取り組みのきっかけは特殊です。

事業を推進された教育委員会指導主事の方の奥様が、私の教え子なのです。2012年のNHK「プロフェッショナル　仕事の流儀」が放映された際に、小学校の恩師が出演するから一緒に見ようと誘われ、番組を一緒にご覧になったのがきっかけなのです。それまでも奥様が、小学校時代に学んだ菊池学級のことを機会あるごとに話され、「とても楽しかった。私は、人前で話すことが苦手だったが、少しずつ慣れていって、最後は楽しく感じられた」と感想を語られていたとのことです。

その後、ご主人である久保山崇指導主事（当時）が、直接セミナーに参加されたり、後述の高知県いの町に視察に来られたりする中で、実践を共感していただき、1つの事業として具体化されました。

事業の目的として、3つ掲げられています。

①子どもへの支援
②経験の浅い先生方への支援
③学び続ける先生方への支援

2022年現在、取り組みは5年めを迎えましたが、浅口市立鴨方中学校では全校で「ほめ言葉のシャワー」の取り組みが進められ、2022年度には10月に、市指定で「子どもたちが輝くクラスづくり・授業づくり－言葉を大事にしてほめて・認めて・励まして育てよう」との研究主題で公開研究会の開催が予定されています。

## ■兵庫県西脇市の取り組み

西脇市の取り組みは、２０１４年（平成26年）に遡ります。ＰＴＡ主催で、学力向上シンポジウムが行われ、その講師として招かれたのが最初でした。その後、2年ほど研修会や講演会などにお伺いしたのち、２０１７年（平成29年）から「にしわき学力向上ウィーク」として1週間市内の小中学校を訪問して飛込授業を行うと共にも、教員研修を重ねるようになりました。

２０１９年（令和元年）に、教育スーパーアンバサダーの委嘱を受け、今日に至っています。当初は、秋に1週間を「にしわき学力向上ウィーク」に当てていましたが、２０２１年（令和3年）から、春と秋の2回に分けて行うことで、新年度のスタートで課題を確認し、その達成状況を秋に確認して、取り組みを進めていく体制が出来上がりました。

こうした動きは、歴代の担当指導主事の先生が、毎年の成果と課題を明確にし、翌年に引き継ぎながら、さらに高い成果を求めていくという意欲的な仕事によって支えられていると痛感しています。

２０２２年度の学力向上ウィーク設定の趣旨を、教育委員会では次のように策定しています。

「学力向上の基盤となる学級集団づくり、新たなことに挑戦し、学び続ける教員の育成の視点から、市全体で取組を進める期間を『学力向上ウィーク』として設定する。春と秋の2回に分けて実施することで、1年間を見通した学級・授業づくりの取組を進めていく。市内共通の研究テーマである『読解力向上』を踏まえ、その基盤となる学級集団づくり、教員の育成を目指し、授業研究や協議会、講師による公開授業・講話を実施し、学力向上の重点課題の改善や各校における研究の更なる推進、また教員の資質向上を図る」

また、2022年度の秋には、教育委員会こども福祉課の主催による講演会も予定されていて、市としての取り組みが拡大しています。

## ■山梨県南都留郡富士河口湖町ほかの取り組み

2019年に、富士河口湖町から教育アドバイザーの委嘱を受けました。

2017年5月に「山梨県中巨摩郡春季教育会」という1000人規模の講演会にお呼びいただいたのをスタートに、その年の年末には、「山梨ウィーク」と名づけた取り組みが始まりました。富士河口湖町の渡辺信校長先生がその中心となって、富士吉田市、都留市、道志村な

どの学校を訪問させていただきました。
この取り組みを始めてくださった渡辺先生は、定年で退職されましたが、その後を中央市の山本成利校長先生が引き継いでくださり、教育委員会主催ではなく、地域の先生方のネットワークによって取り組みが継続しているという、他に類のない取り組みとなっています。
2022年度では、春と秋に1週間ずつのウィークを設定し、その取り組みは拡大しています。

## ■滋賀県湖南市の取り組み

湖南市からは、2020年（令和2年）に学力向上アドバイザーの委嘱を受けました。以降、年

4回程度訪問し、飛込授業や研修などをさせていただいています。

谷口茂雄前教育長と当時課長をされていた松浦加代子現教育長が高知県いの町まで視察をされるなどの準備期間を経て、正式な委嘱となりました。

湖南市では、自尊感情を高める教育に取り組んでいて、多様性を認め合う仲間づくりをその中心に置いています。その具体的な方法として、学び合う集団づくりを掲げ、「いじめに気づく、いじめをなくす、話ができる、聴ける、安心できる教室」と「さまざまな学びの場があるインクルーシブ教育」の取り組みを進めています。

湖南市は、早い段階から特別支援教育に取り組んできた経緯があり、その蓄積に私の実践を加える形で、自立した人間の育成を推進しています。

## ■高知県吾川郡いの町／6年間の取り組みとこれから

最後に、高知県吾川郡いの町の取り組みです。いの町の取り組みについては、やや詳しく述べていきます。

いの町の取り組みは、2016年（平成28年）4月に始まりました。

いの町は、470・97㎢の広い面積の中に、7小学校と5中学校があります。人口減少が激しく、1950年には38000人ほどだった人口が、2015年の国勢調査では23000人ほどになっています。

2015年11月末に、国から全国の自治体に「まち・ひと・しごと創生総合戦略」の策定要請がありました。いの町では当初、自然や伝統の紙産業を核とした戦略を想定していましたが、いの町の独自の教育改革により「こころを育てる」ことが地方創生につながることを教育委員会が考え、その取り組みの中心に私の実践を置くという提案をまとめ、町として承認され、全国初の「教育による町おこし」という地方創生総合戦略がスタートしました。

その後、2017年2月にまとめられた「第2次いの町教育振興基本計画」では、この取り組みで目指す姿を3つ掲げています。

・自尊感情が高く、他者と共存・協働することができる「生きる力」を育む教育が実践されている。
・コミュニケーション能力を高め、主体的・能動的に行動できる子どもを育成する教育が実践されている。
・子どもが自己実現のために必要な知識・技能・能力を習得するための教育が実践され

ている。

自尊感情を高め、子ども同士の関係性、大人と子どもの関係性を築き、自分らしさが発揮できる学級づくりをめざすと共に、教師主導型の授業から子どもを主役とした学びへの転換をめざしました。町全体として「ほめ言葉のシャワーのまち」の実現をめざしたのです。左の写真は、2018年10月31日に町の幹線道路に完成した看板です。

2015年7月29日には、町役場の中にある「いのホール」をお借りし、全国から165人のメンバーが集って盛大に「第5回菊池道場全国大会」を開催いたしました。

このように、前例のない取り組みとして大きな注目を集めてスタートしたいの町の取り組みで、私も大きな期待と覚悟をもって臨みました。

《訪問日数》

・2016年度　52日
・2017年度　53日
・2018年度　52日
・2019年度　37日
・2020年度　34日

・2021年度　21日

このような、時間的にも他の地域とは比較にならない時間とエネルギー（私だけでなく、迎えてくださる委員会や学校の先生方を含めて）を使って、取り組みは進められました。

しかしながら、以降に紹介する「5年めの締めくくりの挨拶」にある通り、その成果は十分なものとは言えないのが現状です。

「価値語」を初めとする具体的な取り組み内容を明示してきましたが、学校ごとに温度差はあるものの、町全体としての取り組みとして進んでいかないのです。

ある校長先生は、「町の校長会の際に、この取り組みのことが話題になることはなかった」と明言されています。

また、ある学級担任の先生は、この間複数校の学校で勤務した経験から、「校長次第で取り組みは大きく違いました。行政から降りて来たからというやらされ感が職員室に満ちていることもありました。私としては、全体の取り組みになるように、委員会が指示をもっと強く下ろしてもよいのではないかと思っています」と語られました。

町として、「まち・ひと・しごと創生総合戦略」として作成・決定し、委員会が「教育振興基本計画」として各学校に指示をしても動かない状況があったのです。

私は200日を超える訪問をしましたが、ある学校に初めて訪問し、2度めの訪問をし、そして3度め…という過程の中で、取り組みが進まない状況を肌で感じるようになりました。そして、それは学校という単位だけでなく、町全体としても訪問による評価と次への課題が明確にされることがないため、私としては、与えられた日程をこなす以外になす術がなく、非常に強い焦りを感じ始めました。

そのことを委員会の事務局の担当の方々や教育研究所の方々と何度も話し合いを重ね、取り組みの方法の改善を試みましたが、あまり大きな変化をつくり出すには至りませんでした。

そのようなことを踏まえて、5年が経ったときの町内の先生方が参加された研究会の場で私がした話が、以下の内容です。

## ◎2020年11月20日　いの町　5年めの締めくくりの挨拶

いの町にお伺いするようになって、5年が経ちました。今日、こうして皆さまの前に立つことができて、幸せな気持ちでいっぱいです。

記録をたどってみると5年間でいの町に200日以上来させていただきました。その間におそらく、200回以上は授業をさせていただいたのではないかと思います。そして、5年がたちました。

いろいろ思うところがございました。でも、今日、伊野小学校でこのような立派な発表会があり、先ほども代表の3人の先生の1つ1つの取り組みに対しての思いを聞かせていただいて、大変嬉しく、幸せな気持ちでいっぱいになったということです。

コロナのことがありまして、例年とは違う1年間を過ごさせていただいていますけれども、大体この数か月で、自宅のある北九州に帰ったのはほんとに数日でございます。さすがに勤続疲労かどうか分かりませんけれども、昨日は、病院に行っておりました。自宅に戻ったら病院に行き、即入院というようなニュアンスではありましたが、

「11月、12月はもう全部予定が詰まっているので、入院は1月の正月明けぐらいでいいでしょ

うか」

という話をしたくらいでございます。一生懸命させていただきました。

不十分なところは、本当に自分の力不足、役不足だったんだなと思います。反省するしかありません。

ただ、やはり美点凝視で、「10割ほめる」ことをめざしたいと思っています。子どもの感想とか、子どもの事実は、宝物です。「みる目」を鍛えたいと思っています。そのためにはどうすればいいかを、ずっと考えていきたいと思います。「ほめて、認めて、励ます」というベースがあります。その上、成長ノート、ほめ言葉のシャワー、価値語といったものが複合的に絡んでいきますから、対話的な学びが豊かになっていくのではないでしょうか。それを伊野小学校では、価値語をベースに、学習ゲーム的なこと、熟議、ディベートと、各学年のステップを踏みながら、ご指導されているというところが、今求められている授業に近づいている研究であると私は思い、素晴らしいことだと思っているのです。

そういった流れで考えると、いの町が示されている「挙手－指名－発表のみからの脱却」ということも、当然くぐらないといけないことですし、それらはクリアできるだろうと思います。「はい、じゃあこの列立って」という列指名をしてみましょうと先生方にお願いをしましたが、その指示がなされていないのはなぜでしょう。私からお願いしても、なかなかそのように変わっていかない授業が展開されることが多いのはなぜでしょう。先生自身が、答えが1個だと思っているからではないですか。先生自身が、多様な意見が出た方がいいと思っていないからなのでしょうか。あるいは、指名した時に、どの子も自信と安心の中で答えられるという関係性が、教室の中に弱いからではないですか。あるいは、答えられなかった時の友達をフォローする教師の技術や、フォローし合う教室の関係性がないからではないですか。そもそも、基本的に前もってノートに考えを書いておくとか、意見を書けない友達は相談して写してもいいから書くというような、「一人も見捨てない」ということを実現するための教育技術がないからではないでしょうか。

私は、自分自身をふり返りたいのです。5年経ちました。200日以上お邪魔させていただいています。1回、私も自分をふり返ります、ふり返りたい、ふり返らせていただきたいなと思います。

「ほめて、認めて、励ます」。そして、いろいろな子が教室の中にいるわけですから、公立の小中学校は、世の中の縮図です。私学でも、国立でも、高等学校でもない、いろいろな人がいる世の中の縮図が、公立の小中学校です。

一人ひとりが大事にされて、その一人ひとりの「らしさ」が発揮されて、それらをみんなでコミュニケーションを取りながら、1つのことについて、みんなで正解を見つけていく――そのような取り組みをしようというのが、この5年間の菊池学園の取り組みだったのではないかと思います。

これからのいの町の教育はどうあるべきか。これで一応区切りはつきますけれども、そのことを考え続けます。そういう自分で私はありたいと思っています、ありがとうございました。

## ◎その後

その後、多少の軌道修正を重ねながら、取り組みが7年めに入った2022年度のスタートの日、町内の校長会の場に呼ばれました。基本に立ち返って取り組みを進めようとの気持ちで次のような話をさせていただきました。言いたかったことは、「学校は管理職、教室は担任の先生の在り方で8割以上決まる」ということです。この中には、「町は委員会の在り方で8割以上決まる」という意味も含んでいます。

「やる限りは、覚悟をもって、諦めずにやろう」ということを訴えたいのです。

## ◎2022年4月1日　いの町校長会での話したことの要点

私は、コミュニケーション豊かな教室をつくりたいと強く思っています。

コミュニケーションは、「情報や感情のやりとり」です。

しかしながら、全国の教室を見ていると、情報のやりとりはあっても、感情の伝え合いができていることは、本当に少ないなと思います。

### ○目指す子ども像をとらえなおす

「学力」、「コミュニケーション力」。どちらも「力」という字がつきますが、どこが違うのでしょうか？学力は、数値化できますが、コミュニケーション力は、数値化が難しい領域です。ですから、コミュニケーション力があるとかないとかを決めるのは、おかしなことかもしれません。

今、教育は、数値化できない力を伸ばす方向に向かっています。そのような方向性においては、望ましい子どもたちの姿をどのように設定するかをはっきりさせなければいけません。

その意味で、「コミュニケーション」という切り口で、目指す子ども像をとらえなおす必要があります。

私は、学校は管理職、教室は担任の先生の在り方で8割以上決まると思っています。

リーダーの考え方ととらえ方が重要なのです。年度初めのこの時期に、リーダーとしての覚悟をしっかりもちたいですね。そして、管理職だけではなく、全ての先生にいの町の取り組み内容を確認していただきたいのです。

**○「目指す姿」5つの視点**

いの町では、「目指す教育の姿」というものが示されています。

①価値語
②成長ノート
③ほめ言葉のシャワー
④動きのある対話・話し合い
⑤挙手➡指名➡発表のみからの脱却

これら5つの視点は、並列的なものではなく、全て主体的・対話的な授業に向かうために強い関係をもった取り組みです。

対話的な授業をするためには、子どもが意見をもっていなければなりません。例えば、「いの町の取り組み推進に賛成です」というのは「意見」です。それを聞いて、「でもいろいろな子がいるし」「学力も大切だし」というのは「反応」です。

自分の立ち位置を決めて、交流するのが授業における対話です。意見と反応は違うのです。

**○発問・問いの重要性**

では、意見が生まれるような授業とは、どういったものでしょう?それは「発問・問い」が勝負です。自分の立場を決めて、意見を言える状況になる問いとはどのようなものがあるか紹介します。

①ディベート（賛成か反対か）
②意見が分裂するような問い（AかBかCか）
③教師の介入（この中で一番大切なのは?）
④熟議的なテーマがある（自分の住む町の課題とは?）
⑤何かを作ってプレゼンする（創作する）

これからは、意見を交流させる授業に変わっていかなくてはなりません。最初に「〇〇ベーシック」や「○○スタンダード」ありきではないのです。

「主体的・対話的で深い学び」と言いますが、まずどこから取り組むべきでしょう。田村学先生は「対話ではないか」と述べられています（「授業を磨く」（著：田村学、東洋館出版社）、「総合教育技術」（小学館）等から）。ある程度対話をこなしていくと学びの質が高まっていきます。コミュニケーションが取れるようになってくると、それ自体が主体的な学びになります。そうしたやりとりの中で、いろいろな知識を使って子どもたちは深い学びに到達するのだと田村先生は述べられています。

つまり、学習指導要領がめざす教育とコミュニケーション教育のめざすものは、全くずれていないのです。

45分、50分の授業で、対話の時間をどのくらい取ったらいいのでしょうか？

「この発問で、○分対話をさせよう」と決めて授業をしているケースは少ないと思います。確かに、指導過程の中で何となく「練り合い」を入れていると思いますが、「主体的・対話的で深い学び」のためには対話の時間をどのくらい取ればよいのでしょう。私は10分くらい取りたいと思います。それくらい取らないと、授業は変わりません。10分間話し合いをさせるために外せない要件は「温かい関係性」です。

ほめ言葉のシャワーは、温かい関係性を築くための取り組みです。しかしながら、「どうしてもマンネリ化します」とよく言われます。例えば6月初旬からほめ言葉のシャワーを始めるとします。4月、5月は、先生が徹底的にほめて、認めて、励ますことをして、ほめることの価値を子どもたちが体感していなければ、ほめ言葉のシャワーは成功しません。

ほめ方にもいろいろあると思います。「分かりません」と答える子に、教師はどのように返すのがよいのでしょうか?

例えば、

「分からない質問をした先生が悪かった、ありがとう」

「世の中の科学の進歩は、分からないから始まった。君は将来、歴史に名を残すかもしれないね」

等、たくさんあると思います。そういった温かい接し方を、まず先生が見せていなければ、ほめ言葉のシャワーをしてもうまくいかないのです。

**○言葉で人を育てる**

大村はま先生は、

「言葉が育てば心が育つ、心が育てば人が育つ」

と述べられています。

写真を添えて価値語を掲示する「価値語シャワーのモデル」という取り組みもありますが、こうした実践は、「言葉を育てることは教育の本質」ということを具現化しようとするものです。

東井義雄先生は、

「書くということは、自分を整理することである。書くということは、自分を確立することである」

と述べられています。

書くことで人を育てるのです。そのために、成長ノートは、先生がテーマを与えます。そして、人を育てるために、ほめて、認めて、励ます赤ペンを入れるのです。タブレットが導入されて、子どもたちは、ますます書く機会が減ってしまうのではないかという危惧をしています。それはある意味、とても恐ろしいことです。ＩＣＴの活用をしながら、創意工夫して書く時間を確保し、先生が「ここだ」というところでは、書くことが大切だと思っています。それが、人を育てるという教師の覚悟ではないでしょうか。

「常に個と全体が対話し、それによって全体が成長していく。同時に対話を通じて、個も成長していく。そこにコミュニケーションというものの本質がある。コミュニケーションを通じて創造がなされなければならない」という言葉がありました。

これこそ、いの町が目指すものではないでしょうか。本年度も目指す教育の姿を掲げ、先生方、教育委員会、研究所…、つまり全員でその実現に向かっていきましょう。素敵な1年になるのではないかとわくわくしています。いの町の子どもたちのためにみんなで協力して、全力で取り組んでいきましょう。

## ■教育を進めるということ

いの町の取り組みでは、重要な部分を担わせていただきました。結果についての責任は自分にあると思うと、強い悔しさを覚えます。自分自身でふり返っていることですが、こうした自治体の取り組みは、崇高な理想、教育への強い思いをもったものだと思います。もしそれがうまくいかないということだったとすれば、それは結局子どもをないがしろにしたことになるのだと思います。それが一番の根幹ではないでしょうか。

ただ、うまくいかなかったことを何度言っても仕方ないわけですから、次こそは、うまくいくようにすべきですし、それによってしか責任を取ることはできません。成果にこだわって右往左往するよりは、ここからもう一度始めようと改めて決意しています。

私のお師匠さんである桑田泰佑先生が校長先生になったとき、桑田先生のお師匠さんである北九州市の教育委員長（当時）も務められた谷口廣保先生から、「これからは、人を育てる立場になったね」との言葉をいただいた、というお話をお聞きしました。

その桑田先生は、１９８７年（昭和62年）頃と記憶していますが、「師範学校を出た校長先生が間もなく退職される。そうなったら、職員室が変わってしまうのではないか」との趣旨を、朝日新聞の読者の声欄の「論壇」に投稿されました。師範学校で学んだ「人間を育てる教師」という視点が、新制の教育学部では失われてしまうことを心配されてのお言葉だったと思います。

２０２１年3月に、文部科学省が「教師のバトン」プロジェクトを始めました。「あなたの学校や地域の教師の取組を遠く離れた教師に、ベテラン教師から若い教師に、現職の教師から教師を目指す学生や社会人に、学校の未来に向けてバトンをつなぐためのプロジェクト（文部科学省ホームページから）」としてスタートしましたが、プロジェクト開始早々、趣旨とは違った内容の投稿が相次ぎ、いわば炎上してしまいました。教師の魅力ではなく、現在の労働環境に対する批判や悲痛な叫びを書いた投稿であふれてしまいました。

このプロジェクトの現状は、象徴的な出来事だったと思いますが、日常的に教師という職業についてのブラック情報が私たちの周りにあふれていて、教師という職業を希望する学生がどんどん少なくなっている状況です。各都道府県の教員採用試験の倍率も下がり続けていて、教員不足の深刻化もマスコミで伝えられています。

菊池道場機関誌「白熱する教室」の第29号の巻頭対談で、沖縄県石垣市の教育長に就任された﨑山晃先生とオンラインでお話をさせていただきました。その中で、学校に若い先生方がたくさん入って来られる状況の中でその方々への研修、いわゆる初任者研修をどのように進めるかということが話題になりました。管理職の先生は職員室のリーダーです。職員室の先生方を指導する立場にある管理職の先生自身が、若い先生方に学ぶ姿、成長し続ける姿を見せることが、日常的な研修になっていくのです。

「職員室の同僚性が失われている」という話もよく耳にします。職員室をチームにまとめていくのは、やはり管理職の責任です。地域に誇ることができる学校を組織していくのは、教育委員会の仕事です。

それぞれの立場で、それぞれがリーダーとしての役割を果たしていただくことを切に願っています。

# 第3章

# 教師の授業ライブ力を考える

## ■授業ライブ力について考えていること

「温かい人間関係を築き上げる『コミュニケーション科』の授業（コミュニケーション科叢書1）」（中村堂）で、私はコミュニケーション科の7つのカテゴリー（人との関わり、言葉への興味・関心、即興力、自分らしさ力、対話・話し合い力、個と集団を育てる議論力、社会形成力）を示しました。

そして、「コミュニケーション科」の土台として、「スピードにこだわるのか？」「拍手にこだわるのか？」「自由な交流を積極的に活用するのか？」「列指名を多用するのか？」といった視点から、主体的・対話的で深い学びに向かうための授業改善のポイントを示しました。

次ページの「菊池省三が考える『授業観』試案⑦」は、それらのポイントを含めて、「授業ライブ力」として現時点での私の考えをまとめたものです。

8つの視点は、授業を通して学級を集団として高めていくファシリテーターとしての教師の指導技術のポイントです。子どもと共に創り上げていくコミュニケーション科の授業で、教師に求められる授業ライブ力の全体像です。

対話・話し合いを成立させるためには、教師のパフォーマンス力が問われます。従来の一斉

## 菊池省三が考える「授業観」試案⑦
## 「コミュニケーション科」授業ライブ力 ver.1

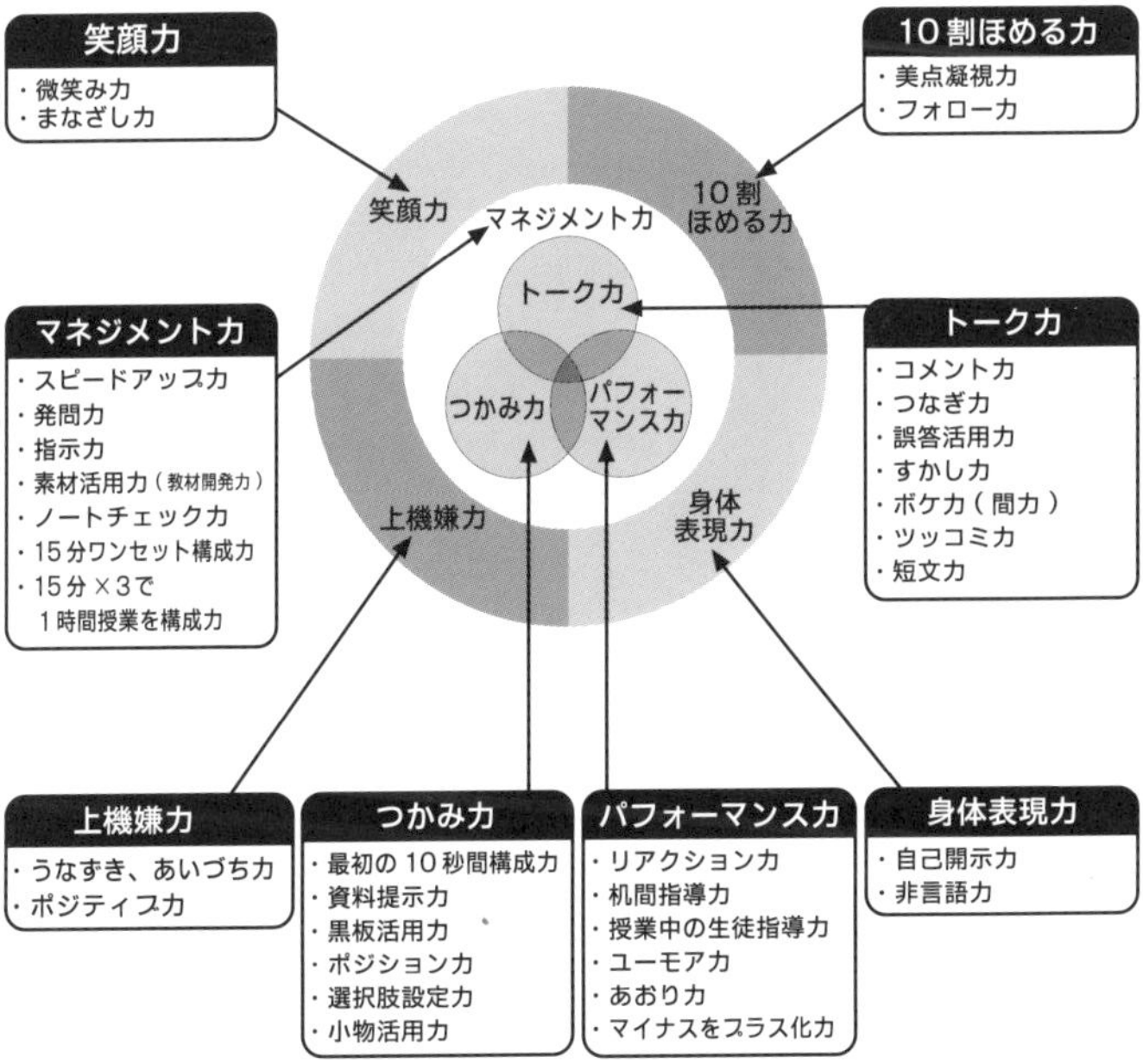
笑顔力
・微笑み力
・まなざし力
10割ほめる力
・美点凝視力
・フォロー力
マネジメント力
・スピードアップ力
・発問力
・指示力
・素材活用力（教材開発力）
・ノートチェック力
・15分ワンセット構成力
・15分×3で
1時間授業を構成力
トーク力
・コメント力
・つなぎ力
・誤答活用力
・すかし力
・ボケ力（間力）
・ツッコミ力
・短文力
笑顔力
マネジメント力
10割
ほめる力
トーク力
つかみ力
パフォーマンス力
上機嫌力
身体
表現力
上機嫌力
・うなずき、あいづち力
・ポジティブ力
つかみ力
・最初の10秒間構成力
・資料提示力
・黒板活用力
・ポジション力
・選択肢設定力
・小物活用力
パフォーマンス力
・リアクション力
・机間指導力
・授業中の生徒指導力
・ユーモア力
・あおり力
・マイナスをプラス化力
身体表現力
・自己開示力
・非言語力

でも、子どもたちが楽しく学び合う、授業をつくっていくキーパーソンは教師でありますから、この教師のパフォーマンス力っていうのはすごく重要だと思います

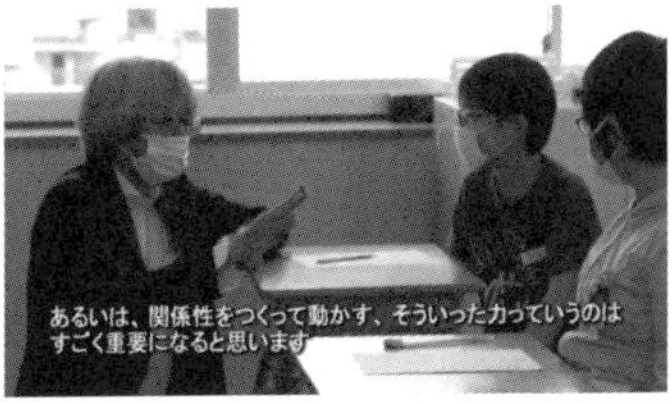
あるいは、関係性をつくって動かす、そういった力っていうのはすごく重要になると思います

指導とは違う授業になるのですから当然です。ファシリテーターとしての教師の在り方が問われるのです。それを私は、「ライブ力」と言っています。「心理的な安心感」を大事にした指導は必要不可欠です。

図の中心に書いている「マネジメント力」「トーク力」「つかみ力」「パフォーマンス力」の4つは、私が「授業ライブ力」について考え始めた15～16年ぐらい前から要素として入れていました。

最近、コミュニケーション科を構想する中で、改めて「授業ライブ力」を考え直し、外側の4つを新たに加えました。

「グー・ペタ・ピン」という言い方に代表されるような、「正しい姿勢」で授業を黙って聞くことが価値とされる今日の旧態依然とした在り方について、私は全国の学校を巡る中で大きな違和感を覚えてきました。子どもたちが本来もっている学びへの興味や意欲を引き出す授業に転換していく必要を強く感じたのです。

「10割ほめる力」「身体表現力」「上機嫌力」「笑顔力」をトータルに言うと、「授業をエンターテインメントに昇華させよう！」ということです。

私は、全国行脚の途中、関西方面にいて時間が空くと、大阪・難波に足を運び、なんばグランド花月で吉本新喜劇を見にいくようにしています。お笑いが好きだということももちろんありますが、新喜劇で繰り広げられる登場人物の掛け合いを学ぶのです。私は、新喜劇を見るときは、いつも手元にメモ帳を用意しますし、忘れた時には手にメモをしているほどです。

そうしたやり取りに学びながら、授業をエンターテインメントに高めたいと本気で思っています。

以下、「授業ライブ力」の観点から考えた4つの点について詳述いたします。

・菊池流　ファシリテーターとして心がけていること
・民主主義の根幹に関わる話し合いの目的－話し合いを成功させる「66」の言葉と「22」のポイント
・対話型授業を成立させるために「ほめて・認めて・励まそう」
・なぜ、「挙手→指名→発表」の授業から脱却できないのか

## ■菊池流　ファシリテーターとして心がけていること

コミュニケーション科を構想する時に、ファシリテーションの考え方やその在り方、技術はとても重要です。

ファシリテーターとして飛込授業で私が心がけていることを中心に述べます。もちろん以下に述べることは、担任の先生の授業でも言えることだと思っています。

【めざすゴールイメージ】

○健全な共犯関係
○心理的安心感
○学び合う空気感

### 1．どのような考えで授業の「導入」を行っているのか

①授業前に
・印象力
・子どもとの信頼関係

・教師としての覚悟
・エグゼクティブ・プレゼンス（上質な存在感）
・上機嫌なパフォーマンス
②教室に入り―1（教師から）
・目を見る
・微笑む
・小さな相談
・リアクション
・ほめコメント
・5分の1黒板
（以上を子ども、教室のレベルに合わせる）
③教室に入り―2（子どもから）
・子どもの表情・・・笑顔、顔が上がっているか、ソフトな笑み
・子どもの目・・・・素直な目力、前向きな視線、正対する目

・子どもの声・・・・ちょうどいい大きさの声、さわやかな声、出す声（張り）
・子どもの姿勢・・・力が抜けているか、背中の伸び、胸が張っているか
・子どもの言葉・・・公の言葉、言葉、言葉の吸収力、言葉の理解度
（以上を「教室に入り―1」をしつつ間合いをとる）

④教室に入り―3（教室全体から）
・話の聞き方
・会話力
・つながり力
・リアクション力
・明るさ度・・・・ユーモア力、笑い力
（学び合う、つながり合う、楽しみ合うための言葉かけ&パフォーマンス）

## 2. 教師の聞き方（受け）
・目を見る
・微笑む
・うなずく

・あいづちを打つ
・リアクション
（通常の「2倍」を意識、セットを意識、ボケとツッコミ）

3．教師の考え方ー1

・コミュニケーションの公式
・対話力の公式
・パフォーマンス力の視点
・授業ライブ力
・1時間15分3パック
（瞬間と1時間のフリ・オチ・フォロー、タックマンモデルの形成期）

4．教師の考え方ー2

・正解主義の打破
・同調圧力の解消
・コミュニケーションは非言語

・空気の発信と受信
・ほめて、認めて、励ます指導
（コミュニケーション授業、対話型授業、学習意欲を重視する授業）

## 5．5分の1黒板を中心とした価値語

・やる気の姿勢、切り替えスピード、本気の拍手、笑顔、リアクション
・空気感、一人ひとり違っていい、社会性、学び合う身体と心

## 6．「分かりません」が出た時の声かけ

①世の中の科学の進歩、スタートは全て「分かりません」からだった。
②悩んだ?考えてる?それでいい。学校は悩んで考える力をつけに来ているんだから。
③そうか、そのような問いを出した先生が悪かった。
④ありがとう。先生の～や～が悪かった。「分かりません」と言ってくれたから、先生は、「ちゃんとしなさいよ」と教えられた。授業のやり方を教わったことになる。だから当然お礼を言わないといけない。
⑤大丈夫。みんなが必ずフォローしてくれるから。そこで分かればいいんだからね。

⑥意見には、正解や間違いはないんだ。一人ひとり違うだけ。だから、君の「分かりません」も1つの意見としてよい。
⑦世の中は分からないことだらけ。分かっていることはほんの一部。気にすることではない。
⑧「分かりません」は知らないことを恐れないさわやかさがある。「できません」は、違って悪い開き直り。君はさわやか、素直だ。成長の条件。
⑨分からないから学んで分かりたい？　向上心がある。知識欲がある。
⑩あとでもう一度聞くから、友達の意見の中で一番近い意見を聞いて見つけてね。よく聞いていたね。正解がないから、今は、自分の意見をこれからつくっていけばいい。
⑪話すということは自分を語ること。「分かりません」にも自分がある。
⑫「正しい答え」を答えるばかりだったのに、急に自分の意見を聞かれてびっくりするよね（⑩を）。
⑬意見は全て「（仮）」なんだよね。話し合ってそこから成長させる。つまり、変わるもの。あとで「（仮）」から自分の意見がもてるようになる。そこが大事で価値がある。期待しているよ。
⑭なるほど。君がそう言ってくれたから、みんなが君も含めて全員で分かり合おうとするでしょう。全員がよくなるきっかけでもある。ありがとう。

⑮よく答えられたね。もし自由に立ち歩いて友達と交流していれば、おそらく君は自分の言葉で自分の意見を言えたかもしれない。そうではなくて、このみんなが座って聞いている状態で、よくぞ言えたね。そこがすごい。

**以上を教師のパフォーマンスとセットにして「分かりません」をほめる**

・拍手　・握手　・スキンシップ

・全体への問いかけ　・ペアトーク

（「〜がすごいよね」「なぜ、すごいのでしょう」「あんた分かるか？」「○○さんが、言いたいこと、思っていることを想像しましょう」）

私は、2年ほど前から「10割ほめる」を授業の中で努力目標としています。授業中にファシリテーターとしての教師の役割を考えると、その意識が飛込授業の回数を重ねるにつれて強くなってきています。

現在、特に意識していることは次の3点です。

①ほめて・認めて・励ます

・美点凝視

（価値付け意味付けをして個や全体のよさをつないでいく）
・上機嫌
（教師のパフォーマンス力で知的でほんわかとした空気感を創り出す）
②プラスの受信
・ディベート思考
（マイナスの現象を、視野を広げたり逆の視点で捉えなおしたりする）
・見通し力（繰り返し力）
（その時々だけで考えるのではなく年間の見通しをもって指導する）
③子どもを「みる」
・２：６：２
（「気になる子」に引きずられないで「個と集団」の関係を考える）
・学習意欲重視
（正解がある「型」重視の観ではなく、「変容成長」重視の観に立つ）

## ■民主主義の根幹に関わる話し合いの目的―話し合いを成功させる「66」の言葉と「22」のポイント

講演等の中で、「対話・話し合いの目的、価値は、何ですか?」と尋ねられることがあります。私は、「それは、民主主義の根幹に関わることであり、単なる技法の問題ではないと考えています」と答えます。

以下は、10年ほど前に高学年の子どもたちに配布した資料です。今でも基本的な考えは変わっていません。

※●や○がポイントです。22あります。丸番号が、66個の言葉です。

**〈子どもの言葉〉**

**◆司会者(司会団)のすべきこと**

●全員が参加できるように話し合いを仕切る。

○話し合いの基本的な流れは、「意見を出させる」→「質問を出させる」→「反対意見を出させる」→「多数決を行う」であることを理解し実行する。

○単なる「指名役」ではなく、「確認しつつ広げる」→「束ねて決める」という「仕切り役」の意識を強くもち実行する。

○司会者とフロアーの1対1の問答にならないように、「みんな」への問い返しをさせ、全員で共同思考できるようにさせる。

## 1. 自己紹介と役割紹介

・ハキハキと美しい日本語で話す。・・・司会団の話す声と態度は、モデルとなる。

・ありきたりの内容、同じ内容は話さない。・・・オリジナルの内容、言葉で話し、「また同じか…」などと思わせないようにする。

## 2. 実際の話し合いでの発言例

①「手を挙げていない人も指名します」→参加者は、意見を用意し、アイデアを出すはずです。

②「賛成の人は、拍手をしましょう」→言葉だけにならないようにします。

③「近くの人と30秒間話し合ってください」→短い時間でスピード感を出します。

④「近くの人と話し合ったら、後で発表してもらいます」→「セット」をはっきり示します。

⑤「発言は手を挙げて指名されてからしてください」→話し合いのルールです。自分が司る

のです。

⑥「まず、質問はありませんか？」↓最初に質問を聞きます。意見の内容を理解させます。

⑦「反対意見を言ってください」↓反対意見が意見です。

⑧「仮の多数決を採ります」↓ある程度意見が出たら、仮の多数決を採り絞り込みます。

⑨「みなさんは、どう思いますか？」↓1対1にならないように全員に聞きます。

⑩「具体的に話せる人はいませんか？」↓1対1でつまったら全員に聞きます。常に具体的にします。

⑪「質問には意見で答えてください」↓質問に質問で返す発言をさせません。

⑫「だから、何なのですか？結論を言ってください」↓「だから」どうなのか、を言わせます。

⑬「〜という点についてはどうですか？」↓ピント外れの意見をなくします。

⑭「この後に、〜の意見の人に発言してもらいます。準備していてください」↓①、④と同じです。

⑮「小さなリアクションをはっきりとしてください」↓常に反応させ全員を参加者にします。

⑯「反対意見が言えないのなら納得でいいですね」↓無駄な時間をつくりません。

⑰「反対するのなら代案を出してください」↓反対する人には代わりの案を出させます。

⑱「〇〇派の人は立ってください。順番に発表してください」↓一人を指名するばかりでは

ありません。

⑲「もうそろそろ多数決を採ってもいいですか」↓時間や話し合いの流れを見て多数決を採ります。

⑳「では、～～と決まりました。次にいきます」↓何が終わり、次は何かをはっきりとさせます。

## 3．まとめと感想

・「決まったこと」を黒板記録をもとに話させる。
・自己反省とフロアーのよかったところを話す。
・フロアーに感想、反省を話させる。

◆フロアー
●当事者意識をもって司会団と一緒に話し合いを進める。
○司会者（司会団）まかせにしない。
○かみ合わせる発言ばかりではなく、フォロー発言も心がける。

○発言の目的、相手を意識して発言する。

**1．出席者ではなく参加者になる。・・・発言していない時の態度に気をつけ、セットを心がける。**

**2．発言（情報提供）の責任を果たす。・・・発言の自由と責任があることを自覚する。**

①「…です」↓「思います」ではなく言い切ります。
②「○○さんに聞きます」↓誰に質問なのかはっきりとさせます。
③「なぜ…なのですか？」↓理由を聞きます。
④「意見があります。いいですか？」↓司会者に許可を得て発言します。
⑤「『はい』か『いいえ』で答えてください」↓討論になったら相手を攻めます。
⑥「…ということですよね」↓相手の意見を待たずに納得させます。
⑦「もっと…したらいいですね」↓フォローして相手の意見を成長させます。
⑧「反対（賛成）です。なぜかというと…だからです」↓「結論＋理由」の組み立てで話します。
⑨「そのような事実はあるのですか？」↓相手の意見の証拠を確認します。

⑩「理由が言えないのなら、意見を取り下げてください」→理由のない意見は認めません。
⑪「もし～だとしたら、その対策はありますか?」→考えられるデメリットの準備を問います。
⑫「…について具体的に話してください」→相手の意見を具体的にさせます。
⑬「だから…です」→「だから」を使って理由をはっきりさせます。
⑭「例を挙げて説明します」→具体的な例を挙げて分かりやすく話します。
⑮「同じ考えの人は立ってください」→多数決も考えて全体に呼びかけます。
⑯「少し話し合う時間をください」→司会の進行に対して意見を述べます。
⑰「私の意見に反対してください」→反対を恐れないで意見＝反対意見を自分から求めます。
⑱「私の意見を無視しないでください」→自分の発言した意見に意見がない場合に要求します。
⑲「もう1回言ってください」→よく聞き取れない、意味が理解できない場合に発言します。
⑳「司会者さん、～を聞いてください」→⑯と同じです。みんなで深め合うために要求します。

**◆黒板記録・ノート記録**

●話し合いをコントロールする基地であることを自覚する。
○話し合いを視覚でコントロールする。

○話し合いの「均等性」を促す役目を果たす。
①「ここに意見が出ていません」→黒板に書いた意見に平等に発言させるようにします。
②「今の意見は何色ですか？」→賛成か反対か分からない発言に問い返します。
③「…の理由に反論していません」→反論がない理由に発言を要求します。
④「手をビシッと挙げてください」→特に多数決の時に使います。
⑤「記録できるように端的に発言してください」→ダラダラ発言に対して言います。
⑥「黒板の理由を見て立場を決めてください」→多数決前に言い、人と論を区別させます。

〈教師の言葉〉

◆話し合い時における教師の介入

●技術的なことは介入しない。
○事前に流れの打ち合わせを司会団と行っておく。
○介入は短く端的に行う。
○教師の位置を話し合いのレベルに合わせる。
①「抽象的な言葉や意見を具体的にしなさい」→伝える、説得するためには具体性が大事だと教えます。

②「意見は反対意見のことです」→反証し合って新しい気づき、発見に向かわせます。
③「何の目的で話しているのですか？」→共に考え合っていることに気づかせます。
④「今、大事なことは何ですか？」→話し合いの軸がぶれないようにさせます。
⑤「誰に話しているのですか？」→話し合いは相手との対話であることを教えます。
⑥「立証しなさい」→発言者としての意見の述べ方を教えます。
⑦「反証しなさい」→聞き手としての責任を果たすようにさせます。
⑧「意見はかみ合わせなさい」→共に考え合っていることを意識させます。
⑨「敬体で声を飛ばしなさい」→発言者として相手意識を強くもたせます。
⑩「『セット』で行動しなさい」→司会の指示や他者の発言を聞くことと「次」をセットにして参加するようにさせます。

**◆教師と子ども**

●話し合いは最も価値のある活動であると位置づける。
○人と論を区別して参加する。
○全員納得をめざして参加する。
○話し合いが最高の方法であると考え参加する。

①「提案理由にふまえて考えましょう」→常に前提となる提案理由を意識させます。
②「時間配分を考えよう」→全体の見通しを意識させます。
③「『正・反・合』の考え方をしよう」→対立ではなく新たな気づきや発見をさせます。
④「立場をはっきりと決めましょう」→「結論＋理由」で考えることを明確にさせます。
⑤「決まったことには従いましょう」→民主主義のルールだと教えます。

◆**ふり返り**

●よさを伸ばし、未来につながるコメントをする。
○「ほめる」を第一とする。
○具体的な発言の引用や行為の再現を行って意欲づけをする。
①「『小さな反応』がよかった人を言います」→対話をする身体の習慣化をめざします。
②「前回よりも成長した人を3人紹介します」→子どもの成長を過去とつないでほめます。
③「特によかった意見を3つ話します」→全員のモデルとなる発言を示します。
④「次に気をつけてほしいことを1つ話します」→次回のめあてとなる形で示します。
⑤「司会団の友達に拍手をしましょう」→みんなのために力を発揮することの価値を認め合うようにさせます。

## ■対話型授業を成立させるために「ほめて・認めて・励まそう」

対話型の授業を行う上で大切なことに、話しやすい雰囲気をつくるということがあります。そのために「ほめて、認めて、励ます」ことは欠かせません。

私は、「10割ほめる」ということを心がけています。そのポイントを13個集めてみました。また、コミュニケーションの公式の各要素をほめるポイントとしています。発表やスピーチ、ほめ言葉のシャワーの時にも活用できます。

**1．叱る言葉の中にプラスの評価を混ぜ、実はほめていることに**

言われたほうは、「自分は見守られている」「力を認められている」という気になれる。だから、厳しく叱られても、素直に受け入れようという気になる。決して頭ごなしには叱らない。

①本当はできるのに、どうして今回はできなかったのかな。

②あなたのいいところは○○なんだから、それをもっと出そう。

**2. 期待して任せることで、「認め」「励ます」「ほめる」ことに**

任せる前に、本人への期待をほめて伝えておく。言われた方は、「自分は期待されている」「自分の思うことをやればいい」という気になれる。だから、自分で考え行動するようになる。どこかにほめるべき点があるはずだという強い気持ちでさせる。

①きみに任せる。仕切っていい。
②きみが場（活動・班やグループなど）の温度を上げてくれ。

**3. うなずきをあいづちのほめ言葉へと進化させる**

うなずきは、その在り方で相手に自分の気持ちを伝えている。その気持ちを素直に言葉にする。自分の感情を豊かにしようと思って行う。

①同意・共感
②感想・リアクション
③話を促す

**4. ほめ言葉の王様「ありがとう」にプラス1をする**

ありがとうは、ほめ言葉の王様。そのありがとうにもう1つほめ言葉をプラスするのである。

「ありがとう。助かったよ」「ありがとう。感謝しているよ」と。ありがとうという言葉を口にすることに抵抗がなくなる。

・ありがとう。素晴らしいね

### 5．「三段ぼめ」で大きく価値付け、強く意味付ける

プラス1のバージョンアップでもある。「ホップ・ステップ・ジャンプ」のリズムで、印象に残るほめ言葉を自分の決め台詞的にもっていたい。いい意味でその後に流行るように。

①きみは、日本の宝だ。いや、世界の宝だ。いや、人類の宝だ。

②誰にでも優しいね。コミュニケーション力が高い人だ。時代に必要な人だよ。

③惜しい！。○○が特に惜しい！　本当は、〜〜と思っていたでしょう！さすが！

### 6．教室の状況やタイプ別の子どもに合わせるほめ言葉を準備しておく

基本的なほめ言葉を私はもっている。それを状況に合わせて自然と出している。

その上で、授業の流れに合わせてより価値付けたり意味付けたりしている。

マネジメントにおける具体的なコンピテンシー（職務遂行能力）も、ほめ言葉がパッと口を突いて出てくるかどうかにかかっている。そのためには、ほめ言葉のボキャブラリーを増やす

こと」と、本間正人先生（京都芸術大学教授）も述べられている。

以下のような言葉を「口ぐせ」にするのである。意識改革は当然大事であるが、その前に「行動改革」である。口ぐせはその最小単位である。積み重ねることで、生き方改革になる。教室にあふれさせたい言葉、なくしたい言葉を掲示することも同じことである。

①とっさに使いたいほめ言葉
・すごいね　・さすが　・素晴らしい　・見事　・なるほど　・そうなんだ
・笑顔がいいね

②目立たない子どもに贈りたいほめ言葉
・いい声しているね　・目力があるね　・さわやかだね　・落ち着いているね
・品があるね（いいね）

③目立っている子どもに贈りたいほめ言葉
・さっそうとしているね　・勢いがあるね　・堂々としているね　・輝いているね
・参った　・やる気が伝わってくるね

④さりげなく能力の高さをほめたい時のほめ言葉
・いいこと言うなあ　・理知的・知性的な発言だね　・よく考えているね
・頭の回転が速いね　・勘がいいね　・考えが深いねえ（思慮深い）　・教えて

⑤リーダーシップのある子どもに贈りたいほめ言葉
・リーダーシップがあるね　・協調性があるね
・面倒見がいいね　・人を惹きつけるね　・頼りがいがあるね
・空気を読んでいるね　・だからいいクラスになるんだ
⑥期待をかけている時に使いたいほめ言葉
・きみに任せるよ　・きみじゃなきゃ　・将来有望だね
・安心しているよ　・できない人には頼まないしね
⑦感謝の気持ちを伝えたい時のほめ言葉
・一緒に勉強ができて嬉しい　・○○さん（みなさん）のおかげです
・気をきかせてくれて嬉しいよ　・ありがとう　・改めて感心しました

## 7. ほめずにほめる。直接ほめていないが、相手のよさを認めて前向きにさせる

子どもの発言の受け止め方で、「認めていますよ」という承認を伝える。
次の８つのポイントを大事にする。
(1)①目を見る　②うなずく　③あいづちを打つ　④繰り返す　⑤要約・言い換えをする　⑥質問をする　⑦感情を込める　⑧板書をする

(2)以上のことを「ヒーロー・ヒロインインタビュー」をしているつもりで行うことが成功のコツである。

「ほめ言葉」は前面に出ていなくても、「楽しんで聞いてくれている。喜んで聞いている」という雰囲気を出すこと。教師の表情も豊かになり、リアクションも自然と出てくる。

## 8．全力の拍手でほめる

ほめる気持ちを言葉ではなく態度で示す方法の一つが拍手である。相手のほうを向いて、全力で「指の骨が折れる」ぐらいに行う。

・今の発言（質問も含む）で、〜〜という気づきがありましたね。素晴らしい発言でした。拍手。

拍手の効果は、①場の一体感を生み出し広げる、②ツボの刺激で気持ちが充実してくる、③脳が活性化してアイデアがわく、など称賛以外にも多い。それらを意識して活用する。

## 9．ほめ言葉にスキンシップもプラスする

握手やハイタッチをほめ言葉とセットにする。

①おはよう（あいさつ）＋今日もよろしく（一言）＋握手

②タッチ

③〜〜ということを考えたね（発言内容・態度）＋意欲的でみんなの手本だね＋握手

**10．連鎖ぼめを呼び起こすほめ言葉**

間接的なアプローチで相手もみんなも、そして自分も幸せになるほめ言葉。人となりを丁寧に素直にほめることが大切である。

①陰口ではなく陽口（ひなたぐち）…プラスの噂話をする

②他己紹介ぼめ…第三者にプラスの他己紹介をする

③引き合わせぼめ…AさんとBさんを引き合わせるときに2人のプラス紹介をする

**11．あえてアナログぼめの手段を使ってほめる**

形に残る書き言葉でほめ言葉を残すことである。手書きの手紙やはがき、付箋、メールなどを活用する。書くことで、相手をよく観察するようになる。より記憶に残り、温かい事実として大切にされる。

・次の3つのポイントで伝える。

①具体的なエピソードを入れる

②相手の行為や存在の価値を伝える
③感謝の気持ちを伝える

**12．普段の「口ぐせ」「仕草ぐせ」を意識して変える**

「口ぐせ」「仕草ぐせ」は言動の最小単位である。それだけに無意識で、積み重なるとプラスにもマイナスにもなる。以下のことを意識して変えるべきである。

⑴話の聞き方・・・最後まで聞く。悪い口ぐせは、相手の言葉をさえぎっているときに発せられることが多い。「聴くコミュニケーション」を心がける

⑵芸人「ぺこぱ」の返しでフォローする
①○年はよかった…けれど今も悪くはない
②～失敗した…と言う前にまだまだできることがある。成功の前触れだ。と言わないで「未成功」と前向きに言おう
③どうしてしたんだ…と責める前に自分がすべきことを考えよう
④違うだろ…という前にその間違いから学べることをみんなで考えよう

⑶声と視線と表情の3点セットでプラスの「口ぐせ＝ほめ言葉」を伝える
①声…少し声高く、明るくして前向きに捉えようとする

②視線…高くして心の視野を広げる
③表情…声と視線が変わると、自然と笑顔になる

**13．間投詞と呼びかけでほめる空気に変える**

力強い間投詞（掛け声）と仲間意識を促す呼びかけで明るい雰囲気を生み出す。相手を生き生きと学びに向かわせ、やる気を高め、可能性を大きく伸ばす。

①間投詞…うん、なるほど、よし、いいねなど。内容や意味がなくとも声を張って音のもつ響きを相手に伝える
②「～しろ」の命令ではなく、「～しよう」「～でいこう」「～してみよう」などの「一緒に」の気持ちから出る呼びかけ言葉で伝える

## ■なぜ、「挙手→指名→発表」の授業から脱却できないのか

授業改善の視点の1つとして、関わっている自治体の研修会を中心に、「挙手→指名→発表」のみからの脱却、ということを提案しています。

ところが、なかなかうまくいきません。私が、なぜそれを提案するのかを述べていきます。

(1)「正解主義」に陥るのではなく、学び合う集団を育てるというゴール目標に向かって、「挙手→指名→発表」のみからの脱却を心がける。

(2)授業は生きているのだから、ここで示す方法や流れも「ひとつ」である。状況に合わせて臨機応変に対応すべきである。

## 1　教育学から学習学へ「観」を変えよう

### 1．授業観を変える必要性

【今までの授業】

・一斉指導方式
・同じ教科書、同じ内容を勉強する
・授業中は自席で姿勢正しく静かに先生の話を聞く
・指名されてから発言する

※（明治以降の）授業の規律が守られてきたから成立していた
【今の授業】
・授業は黙って聞くという教師の価値観と子どもの価値観とのずれ
・伝えることが授業という伝達中心の授業観と体験型授業観のずれ
・教師の一方通行型のコミュニケーションと双方向のコミュニケーションのずれ
※学級崩壊、「気になる子」の指導、（保護者対応）
【これからの授業】
・参加型の授業
・社会化する教室
・対話型の授業
※学ぶ楽しさ、共同体としての楽しさ、社会とつながる楽しさ

## 2. これからの授業はどう変わるのか

①授業が楽しくなる
・学ぶ楽しさ、共同体の楽しさ
個別的学習やドリル学習ではなく、みんなで協力し合って課題解決に向かう学習である。

個人による知識の詰め込み学習ではなく、学びを共同的なものにする学習である。

②子どもが主役になる

・与えられた学びから自分の学びへ

従来の授業は、教師の指示・発問で進んでいたが、参加型の授業は学びの枠の中で子どもは自由に活動することができる。

③学習内容を体験することで学ぶ

・技能や態度を指導する

言語技術教育や人間関係調整技能などは、プロセス（やり方・方法）を指導しやすい。技能や態度を、体験を通して会得させていく学習である。

④評価と指導の一体化ができる

・ファシリテーターとしての教師の役割の自覚が促される

教師は、授業の進行だけではなく、学習者の発言を援助し、知識や技能の交換、伝達、発見、再構築などを支援する。

○学習プロセスに関わる

・従来の授業…教えながら授業を見るので視野が狭い。教師は、自分の教えるゴールから、逆算して子どもたちを見ていた。減点法。

・これからの授業・・・支援しながら学習プロセスごとに支援するので広い視野が必要。活動のあらゆる側面（見る・聞く・話す・書く・考える・協働する）をサポートするスキルが教師には求められる。加点法。

〇共同学習に関わる

・従来の授業・・・上意下達の中に子どもを見ていた。教師が教える正しい内容を子どもたちは受け取るという縦の関係で見て評価していた。

・これからの授業・・・「子ども－子ども」の横の関係が重要になってくる。横の関係が、「楽しく」「信頼できる」雰囲気になるような」評価が必要になる。雰囲気づくりの指導と評価が一体となる。雰囲気の良し悪しが、学習成果に響くという点を考慮する評価＝指導が求められるのである。

＊＊＊＊＊＊＊＊＊＊＊＊＊＊＊

ここで、飛込授業でも心がけている「スリルとサスペンス授業」と「スタンダード授業」の比較をしてみようと思います。「スリルとサスペンス授業」とは、機械的な決まった指導過程をふまない授業のことです。

「スリルとサスペンス授業」

・15分1パック

・考えを深める
・自由度が高い
・違いが大切にされる
「スタンダード授業」
・45分1パック
・正解を求める
・自由度が低い
・違いをなくす

といったところでしょうか。

もちろん、「スリルとサスペンス」の授業がベストではありません。飛込授業でのギリギリのラインかもしれません。その先の授業をめざしていかなければいけないのです。

①県版ベーシック
②スリルとサスペンス（発問中心授業）
③ワークショップ型・共同学習型
④討論・対話型授業
⑤探求型

ざっくりと言えば、こんな感じでしょうか。

私の理解では、②のスリルとサスペンス型は、１９７０年代後半からの授業です。昭和です。
③からが本格的に平成です。
この「授業構造」が違えば、授業のその後の活動や教師のパフォーマンスも大きく変わってきます。そのことをまず押さえておきたかったのです。今は、令和です。

## ２　「指名」の仕方から「観」を変えることを考える

１．書かせる

①大原則は、書かせること。書かせて発表させる。短く端的に書かせる。

例）○か×か、ズバリ一言で
　　箇条書きで

②個人で書かせた後に友達と交流させる。書けていない子をなくす。教え合う（写させる）。
※以上の指導を発言前に行うことで「全員参加」をめざす。もちろん、書かせなくても内容によっては「相談させる」という方法もある。

## 2．指名の仕方

「1」をふまえて状況に合わせて多様な発言形式を。

①列指名

②班指名

③挙手している子ども全員　④挙手している子どもの中からランダムに複数指名

⑤④の場合に担任が学級づくり上の配慮等からの意図的な指名

⑥意図的な指名

※机間指導等から子どもたちの考えを把握し、授業展開において必要な場合の時　等。

この時も、「挙手→指名」にならないように、①から⑤までの方法等を併用する形で活用したい。

⑦学び合う活動を入れた後の指名

※ペアで交流させ相手の考えを発表させる。班で1つに意見をまとめて発言させる。
⑧自由起立発表
⑨ノート発言
※自由にノートを見て回る。白い黒板をみんなでつくる。
⑩自由な立ち歩きによる発言

### 3．教師のフォロー（受けと返し）

基本的には、「YES、and～」で「ほめて・認めて・励ます」「未来志向の価値付け説明」が大切。「育てよう」であり、コーチングの考え方である。「共感想像力」「愛情想像力」が求められる。「NO、because～」にならないように。そうなると多くの場合、「教えよう」であり、ティーチングの考え方が色濃く出てきてしまう。

以上の基本をふまえて、教師としての「受け」のポイントは、

①発言者の一番の応援者としてのパフォーマンス
②聞き手のモデルを示す

である。インストラクターとしての教師の在り方が問われる。傾聴であり、非言語のコミュニケーションを大事にするのである。

「返し」のポイントは、

①【発言者へ】学級を高めることに役立っている

②【他の子どもたちへ】発言者のよさを知らせ、そのような教室であることの価値付けである。

発言者の価値、発言者と成長し合っている教室の価値を伝えることである。教師の役割は、「つながり合う集団」「学び合う集団」をつくることである。

「全員プロデュース」「離見の見」の考え方や意識を強くもつべきである。

**4．子ども同士をつなぐ**

いろいろな場合が考えられるが、以下の3つの場合の教師の指導を考えたい。

①「正解」が発言された場合

・ほめて価値付ける

・つながりをつくり出し学び合いを起こす「聞いていた人？」「言える人？」「どこがよかったですか？」「隣りの人と話しなさい」

②「不十分な正解」が発言された場合

・ほめて価値付ける

・つながりをつくり出し学び合いを起こす

「今の発言を5点満点で・・」「よいところが言える人?」「どこを直すとよいか、隣りの人と話し合いなさい」

③「誤答」が出た場合

・教師がスカシてフォロー「そうきたか!…」

・納得解の場合は「君らしい考えだね…」

・絶対解の場合は「(発言したことを認め)「それでいい。後でみんなで考えよう。(いい意見を)ありがとう」

④発言ができなかった場合

・教師が楽しいパフォーマンスで〈ヒントを与える〉

・他の子どもたちにフォローを促す「だれか代わりに言える人いませんか」

もちろん①~③のどの場合であっても、内容面だけでなく「コミュニケーションの公式」の各要素でほめることは可能である。

**【コミュニケーションの公式=(内容+声+表情・態度)×相手軸】**

※詳しい公式の内容は、次ページを参照

このように考えてみると、「挙手→指名→発表」で進む授業は、

・正解を先生がもっている

## 「コミュニケーションの公式」について

| コミュニケーション力＝（内容＋声＋表情・態度＋α）×相手軸 |
|---|

**◆コミュニケーション**

温かい人間関係

**◆内容**

・伝わりやすい構成　【事実＋気持ち】　【気持ち＋事実】
・伝わりやすい文　短文　接続詞（助詞）　呼びかけ・問いかけ
文末（推量形など）
・プラスの言葉　価値語　四字熟語　ことわざ　慣用句　金言・格言
・具体的な表現　数字　固有名詞　会話文　５ＷＩＨ　色　形
・効果的な表現　比喩　擬態語　擬音語　修飾語を重ねる（ほめ言葉Ｗ）

**◆声**

・ちょうどよい大きさ
・高低　大小　強弱　緩急　明るさ
・間

**◆表情**

・笑顔
・視線（方向、時間）
・目の動き
・口の形

**◆態度**

・指、手、腕の動き
・姿勢（向き、傾き、立ち方）
・首のうなずき、かしげ方
・足の動き、開き方
・立ち位置、身体全体の移動の仕方やその時間

**◆相手軸**

・愛情、想像力、豊かな関わり合い
・情報共同体としての心のふれあい
・ほめて、認めて、励ます、応援する、盛り上がる、感謝する、・・・

・競争して取りに行く
・早い者勝ちである
・間違いなく正しく最後までキチンと発言する
ことが求められている。発言には、「正解」というゴールが求められる。

逆に、自分の中にあることを自分の言葉で話すことは、一人ひとりの違いを認め合っていることであり、正解主義ではないので、各自の発言は学びのスタートである。その後に、みんなで話し合いながら正解を見つけて行くスタートである。だから、「即興力」は学びを変えるキーワードであると私は考えている。その力を育てなければ、いつまでたっても「挙手↓指名↓発表」からの脱却はできない。

# 第4章

# 若手教師に伝えたいこと
## ―教授行為の意味と込めた「観」

菊池道場の若手メンバーが、私の授業ＤＶＤ（筒井勝彦監督制作）を見て気づいたことを送ってくれました。私にとっても、一つひとつが示唆に富んだものでありましたので、それについて考察し、コメントを書くという作業をしてみました。とても楽しい作業でした。

以下、太字が若手メンバーの気づき、そのあとに私が７つずつコメントを書いています。

１つ１つの教授行為について、その目的や価値、効果を書いています。また、内容によってはそこから考えたことや関連したことにも触れています。

若手教師の気づきに、

◆学習者である子どもの安心感につながる教師の教授行為について考える
◆授業中における教師の微細技術から「観」の違いを見出す

というねらいで書いたものの一部です。実際には「59」の気づきを送ってくれましたが、「31」の項目について考察を進めました。

若い先生方に、教授行為と共に、そこに込めた「観」について学んでいただけたらと思います。

**1．「チラ見しません」→禁止したいことをきつくない言い方で言う。**

①子ども目線のちょっと砕けた言い方

例）ガン見、チコちゃんに…、意味分からんし〜、

②①はユーモアを生み出す

③健全な共犯関係をつくり出す

④不要な厳密さ（「話をしません」など）を要求しないで不安感を生み出さない

⑤自分もできそうだという安心感につながる

⑥教師が子ども目線に降りる

⑦親近感を生み出す

**2．「たぶんあなたたちは〜」1つ先の未来の話をする。**

①愛情想像力

・具体的な今の事実を話した後に、未来予想を話す

②望ましいめざす方向を伝える

③自分たちはできそうだとやる気にさせる

④今のことではなく未来のことは安心して考えられる

⑤子どもたちの所属意識に問いかける
⑥サンデル教授の「私たち」の効果（「君たち」ではない）
⑦前向きな気持ちを学級全体に生み出す

**3．「他の人には聞かれたくないんだけど」→急に声を小さくして1対1の空気をつくる。**
①小さな声で大切なことを話し聞き耳を立てさせる
②変化があると人間は集中する
③小さな声で意図的に話すと視線を全体に送ることができる
④1対1を聞かせようとすることで、全体の聞いている様子にも意識がいく
⑤④だから、全体に意識して聞かせることが可能になる
⑥全体で共犯関係をつくることができる
⑦普通の時は聞こうとしない子も、この変化で聞こうとして変わる→ほめることが可能

**4．一人に声をかける。→逆に全員に伝わる。**
①教室に立体感をつくり出す
②子どもたちに自分の聞き方を促す

③自分なりの聞き方を促すことは自由度を保障することと考える
④1対1が全体の一体感を生み出す
⑤教師の話す内容を実行しようという空気が生まれる
・ここでできる学級とできない学級がある。それをまた話す「こう話してもできない学級もあるんだけど…」
⑥多くの場合は立ち歩きの対話学習だから、言葉通りに動けるかで学びの実態と人間関係がみえてくる
⑦⑤ができるかどうかの内容は「仕方の説明」、この後に「価値の説明」を行う

**5．わざわざ教室の真ん中で立って、黒板を見る。→子どもたちの目線を揃えさせる。**

①教師の強い覚悟を立ち位置で示す
②全員を束ねるつもりで移動の動きに緩急をつける
③移動する時には大きく手を動かす
④目線を全体に移動させながら立ち位置を決める
⑤以上の動きを大きくやることで、その後の教師の目線を追わせる
⑥「音を消す」「目線を全員が揃える」などの価値語で集中させる
⑦背中越しに声を聞くという緊張感を雰囲気から感じる（感じさせる）

**6．「書いたら発表」「ルールにしよう」「もっと（学びが）ダイナミックになりますね！」→端的にこれからの学びの方向を示す。**

①全員参加の大原則は書かせること
②書いた後に「発表できる人」と聞くことは教師の逃げ
③②を行うということは正解主義の発想であり、話し合って考え続ける授業ではない
④「書いたら発表」程度の負荷を普通に与えるべきである
⑤他に「相談したら発表」「自分のことは発表」「友達の意見に対しての感想は発表」とレベ

ルを上げる
⑥ダイナミックな学びは、立ち歩きの少人数による話し合いである
⑦教師がめざす授業像を明確に示さなければならない

**7.「勝てると思う人は、やる気の姿勢」→自然な声かけで規律を意識させる。**

①教室にゆるやかな勝ち負けの意識が出てくる活動をもち込む
②あるべき態度を示させることでピリッとした学びの空気を出させる
③全員の学びを「型→自由→型→…」の表現の基本形のサイクルにしていく
④③でいう型は、規律や話し合いの仕方であり、自由は活動そのものである
⑤この指示も「AさせたいならBと言え」と同じ効果がある
⑥よい姿勢を端的に表す。教師の言葉は短く端的に
⑦⑥によって教室の中にスピード感、テンポとリズムが生まれる

**8. 書いたこと（キーワード）をあえて言わない。→不完全さを出し、逆に注目させる。**

①集中度を上げる
②無駄を省き、ピリッとした空気感を出す

③授業はスピードが必要であり、無用な優しさはいらない
④不要な「みんなといっしょに」ではなく、自分で考えさせる
⑤「次になんと聞くか」と教師の思考の先読みをさせる
⑥⑤によって、受け身の学びではなく積極的な学びへと育てる
⑦「はい3秒で」「5秒だけ」などの前後の声かけで言わなくても見て考える学びの体をつくらせる

**9.「成長ノートは半分でもいい」→具体的な目標を示す。**

①作業には努力目標、達成目標を具体的に示す
②授業場面で量的なものや書かせ方は違う
③「半分でもいい」は安心感と挑戦意欲の両方を子どものレベルに合わせて与えている
④小刻みに書かせることが授業への集中力を上げる
⑤「書いたら発表」へとつなげていく意識をもって行う
⑥「ズバッと書きましょう」「一人ひとり違っていい」などの価値語とセットにして使い、安心感を与える
⑦量を求める時と質を求める時の書かせ方を変える

## 10．「はい、どうぞ」→子どもをさすときは、大人のように丁寧に。

①上から目線では子どもは委縮するのでそれを避ける
②上からになると正解主義の授業観の雰囲気が出るので望ましくない
③人間を育てるという意識をもつべきである
④子どもの不安感に寄り添い安心感をもたせる
⑤「はい、どうぞ」と言いながら手を差し出すことで発言への責任をもたせる
⑥必要に応じて近づいて⑤をすることでいい意味の逃げ道をつくらない
⑦意見を一緒に育てていくという意識を強くもつ

## 11．子どもの発言を繰り返して応答している。

「なるほど」「うん、うん」も言っている→何らかの応答をする
①読点は意識のつながりなのであいづちを打つことで寄り添う
②発言の型よりも子どもの思いを大切にする
③教師は発言する子どもの一番の応援者になる
④最初から完璧を求めることが悪しき正解主義の発想である
⑤子どもの発言を全体へとつなぐ意識をもって聞くべきである

⑥⑤を意識することで、学び合う集団を育てていく

⑦「発言した子ども2・受け止める教師6・聞いている他の子ども2」の割合ぐらいの意識で受け入れる

**12．指示をあまり繰り返さない。→間を子どもの考える時間の保障にする。**

①指示は短文で行う

②「1回で聞く」を原則とする

③抽象的な内容ではなく具体的で取り組みやすい内容にする

④指示を小刻みに出すことで、より集中して全員ができるようなリズムをつくる

⑤指示の内容は複雑でないようにする

⑥聞けてなくて問い返す子がいたら「友達に聞きなさい」と切り返す

⑦ヒントが必要な活動内容であったり、動けない子がいたりしたら机間指導で聞こえるようにつぶやく

**13．全員に発言させるときに、「はい」でテンポを上げていた。↓スピードがリズムやテンポを生み出し、全員参加が可能になる。**

①全員で行うときは「揃える」を基本とする
②この時もスピードを大切にする
③声を出すときは「出す声」を指示してほめる
④動きのときも声を出すときも「○点。なぜかというと…」と評定して上をめざさせる
⑤常に全体を見ながらほめるポイントや子どもを探す
⑥テンポやスピードを上げる中で、学び合う一体感をもたせる
⑦不十分であっても1時間の中で繰り返し、その変容をプラス評価する

**14．スピードは重要な要素。その中でも最も大切なのは思考スピード。↓自信が必要。**

①ほめることでやる気を出させる
②ほめることは自信へとつながり思考スピードも増す
③短文で指示、スピード、思考、…つながりがある
④導入で「3秒」「5秒」と指示して動かせば、その時間の思考スピードは上がる
⑤パッと反応させることで、書ける、言えるという自信へとつなげていく

⑥⑤で思わず言った、書いたということを様々な視点（例：即興力、自己開示など）でほめる
⑦コミュニケーションは動きが増えると非言語内容や変容の様子などをほめることが増える

**15．前の活動が全員終わらなくても、次に行く。↓年間を見通して育てる。**
①原則は遅い子は待たない
②同時に2つのことができるようにさせたいという教師のめざす子ども像、学級像がある
③遅い子どもも必ずスピードが出てくると信じて繰り返す
④教え助け合う子どもが出てくることを期待して待つ
⑤学び合う集団を、年間を見通して育てることを意識する
⑥遅いその子の頑張りと周りの子どもたちの支えの両方を「みる目」をもつ
⑦遅い子にも変容、意欲という点では十分にほめる言葉かけを用意しておく

**16．2つめの意見をもってくる子がいないと、白い黒板はできない。↓全員が考え続ける子どもに。**
①人間の思考は、1つめがヒントになり広がるものである

②それが学び合う教室である

③1つめで終わり、①②がない教師は正解主義の授業観である

④そもそも白い黒板は全員の思考の交流であり、考え合い続けることを大切にしている

⑤全員参加の学びの象徴であり、その価値を見える化して体験させるものである

⑥教師の板書行為は正解主義的になりやすいが、白い黒板ではそれはない

⑦黒板を子どもたちに開放するということはこれからの授業観では大切なポイントである

**17.「なるほど」「いいね」を連発。→どんなときでも、内容でも一旦は受け入れる。**

①そもそも「正解」がない問いを出しているから否定をしない

②「正解」がないということは、その子らしさの発揮であり価値は高い
③「正解」がないことを発言するという不安感を教師は理解すべきである
④発言以外の時でも（例＊動き、書く活動）でも常に先の学びのレベルを考えて肯定的であるべきである
⑤学級の初期の段階では、特に肯定的な指導スタイルを示し続けて安心感を生み出す
⑥個に対してと集団に対しての使い分けを意識する
⑦⑥の違いはあるが、「○さんのような友達がいる学級」「こんな学級だから全員が」とほめる

**18．どんなに焦っていても「いいなあ」を忘れない。↓子どもにとっては大きい安心感。**

①教師がマイナスの反応を示すと教室は停滞する
②正解主義ではないので焦る必要はなく、ピンチをチャンスと捉えて余裕を示す
③②で子どもは安心する
④教師はその子の思考過程に寄り添い対話で思いを引き出す
⑤周りの子にフォローを促し、子ども同士の横のつながりを生み出す
⑥「〜ない」の逆転現象を生み出し学級づくり（授業づくり）のチャンスとする

⑦教師のフォロー、他の子どものフォロー、本人の次への目標、が3大原則である

**19．書けない子には話しかけて、対話の中から導く。→考えると書けるの間には見えない壁がある。**

①「悩んでいる＝考えている」と肯定的に捉える
②最初に書いたことが（書けたものが）、正解ではないと捉えている
③だから、②をその後にみんなで考え合うことを重視している
④話しかけて「考え」をもたせ、全員参加に結びつける
⑤「一人も見捨てない」の考え方を示す
⑥対話は新たな気づき発見を生み出すことを教える
⑦1時間の授業も、1つの学習活動も2段構えの授業展開を心がける

**20．子どもたちの活動を眺める。→「今」を判断評価して、次の展開を考える。**

①基本的には「次」の展開を考えている
②学級全体の学ぶ雰囲気の状態を感じ取っている
③①②をふまえての自分のパフォーマンスを考えている

④基本的にはプラスのアプローチを考えている
⑤NHK「プロフェッショナル　仕事の流儀」の中のナレーションから「見る」と「眺める」の違いを私は考えている
⑥子どもたちの動きからキーパーソンを決めて全体をどう動かすかの計画を考える
⑦「気になる子」の動きと周りの子の関わりをほめるために眺めている

**21．80％の声が穏やか。10％が一人ひとりに対して。10％は少し張り上げて全体へ。→「伝えたか」ではなく「伝わったか」を大事にする。**

①基本は会話体の語りかけ
②一人ひとりに語りかけると考えると穏やかな声になる
③伝えるための声と目線を意識する
④長い話は1文につき一人を見ながら話すイメージ
⑤話すときは腕や手や指の動きを意識する
⑥立ち位置や体の動きを伝える内容で変える
⑦話し方の声の調子、緩急、大小、スピードの変化などを意図的に変える

**22．書かない子（伏せている）の背中にトントン。↓失敗感のない温かい空気のため。**

①安心感を与えることを大事にする
②書かない子は、理由があって書けないことを理解する
③今は参加できなくても次に参加できるように期待を伝える
④書かない子に対して周りの子どもたちにどう関わらせて変えるかを考える
⑤先生は参加しない子も信じて待っていることを周りに伝え全体にも安心感を与える
⑥スキンシップもコミュニケーション
⑦先生は「正解」を求めているのではないことをそれとなく伝える

**23．授業の終わりはプラスの言葉でしめる。↓子どもへの礼儀。**

①知識重視の正解主義ではなく、学びに向かう態度やその変容を認める
②学び合うことはすぐにはできないということを理解しているからほめて待つ
③オープンエンドは、学習内容だけではなく学びに向かう構えにも当てはまると考えている
④教師の感動からくる言葉（自己表現的言葉）を送り続ける
⑤子どもたちに学び合いの価値を伝え、そのような学びに向かう意欲を高める
⑥逆転現象を意識して、子どもたちの学び合う関係をより豊かにする

⑦授業を1時間単位で考えない教師の考え方を間接的に伝える

**24．大事な時は「動きません！」→厳しい口調で引かない覚悟。**

①「調子に乗る」「ゆるんだ空気」を戒める
②知的な学びは、ある程度の緊張感の中で行われる
③弛緩した空気は、体の不安定さから出るものであるとたしなめる
④「やる気の姿勢」「切り替えスピード」と同じ『束ねる』という考え方
⑤厳しく話した後に笑顔を意識する
⑥緩急のある話し方で、全体を教師の流れに引き込む
⑦内容は教え諭すものであり、成長を促すこととすることで信頼を勝ち取る

**25．早くないのに「早いね～」→してほしいことをプラスの言葉で促す。**

①今が遅いことが問題ではない。今から早くなればいいと考える
②プラスの声かけがプラスの行為を育てる
③そもそも子どもたちには、「早い」というゴールイメージがない
④繰り返すことで、少しずつ確実に早くなる。ほめるチャンスが生まれる

⑤減点法の考え方ではなく、加点法の考え方
⑥教室の中に安心感が出てくる感覚を大事にする
⑦この考え方は、「ぶつからない指導」の大原則だと考える

**26．不完全なもの→「～すれば、カンペキですね」→失敗感を与えない。**

①同じように「そうきたか！」「惜しい！」の返しの言葉も有効
②教師は全てを拾うつもりでいるべきである
③教師は、発言する子どもの一番の応援者であるべきである
④不十分な子どもの発言内容も「つなぐ」べきである
⑤教室の中がその子どもの発言で不安定になったら、その空気を教師が一手に引き受けてスルーするぐらいの覚悟が必要
⑥教師のパフォーマンスで絶対の安心感を生み出すこと
⑦返しの後は、その子どもの「次」をプラスにする展開を瞬時に考えること

**27．「基本的に○しかつけませんから」→ほとんど全てにおいて。**

①×をつけるような問いを出すことは基本的にはない

②×をつける問いは、×をつけて挑発する場合が多い
③考えや感想などは、「つくる」ものであるから×はない
④不十分な「考え」を育て合うのが授業
⑤その後の育て合う授業の流れが大切である
⑥○をつけるのは、その時点での子どもたちの思考のレベルを知るためである
⑦全員の意欲を引き出すことが目的である

**28. 自由な話し合いをさせる時は、一人をつくらせない。↓何のための自由か考えなければいけない。**

①この考え方は、民主主義の根幹である
②話し合いは、教室の人間関係をよくするために行う、と考えるべきである
③学びの絆を強いものにするために行う、と考えるべきである
④もちろん一人で考え続ける子どもがいたら、「一人が美しい」とほめる
⑤話し合いの授業は、学級づくり的な視点がポイントである
⑥教師の理想の押しつけにならないように、子どもたちの心理や集団の成長度を考えることが大切である

⑦話し合い内容だけではなく、子どもたちの動きや関わり方をみることが大切である

**29．黒板を指さすときに音が鳴る。→言葉だけではないパフォーマンス。**

①意識して音を出す。（黒板を指さすときの音、板書するチョークの音、意図的に動くスピードを変えるときの足音など）

②①は、多くの場合は、緊張感や集中力を高めさせるためである

③②を意識することは、全員参加をより促すことにつながると考えている

④教師のパフォーマンス力は、言葉以外の非言語なども重要であると考えている

⑤教師の一挙手一投足にも意味をもたせたい

⑥今までの授業は、教師は、授業内容伝達言葉と板書、教材への意識に偏り過ぎていた

⑦これからは、立ち位置、動き、そして音にまでも気を配りたいものである

**30．スピーチの内容より笑顔をほめた。→コミュニケーションを広く捉える。**

①メラビアンの法則を大事にしている

②非言語を大きくほめる（※次ページの「試案①」の下段参照）

③内容の評価ばかりを気にしている子どもたちに自信と安心感を与える

④教室に、「一人ひとり違っていい」という安心感を生み出す

⑤そもそもコミュニケーションの楽しさは非言語にある

⑥コミュニケーションのその楽しさの視点を、子どもたちの中に増やしている

⑦様々な視点でほめることにより、教室の中に楽しい学び合いの関係を築く

**31. 学習規律はけっこう笑いを入れている。→規律は楽しいものであると感じさせる。**

①笑顔が大事ということを「口角（板書しながら）は、こうかく（こう書く）」

②予想することが大事ということを「よそうは、（逆に読ませて）うそよ」

③拍手が大事だということを「指の骨が折れる

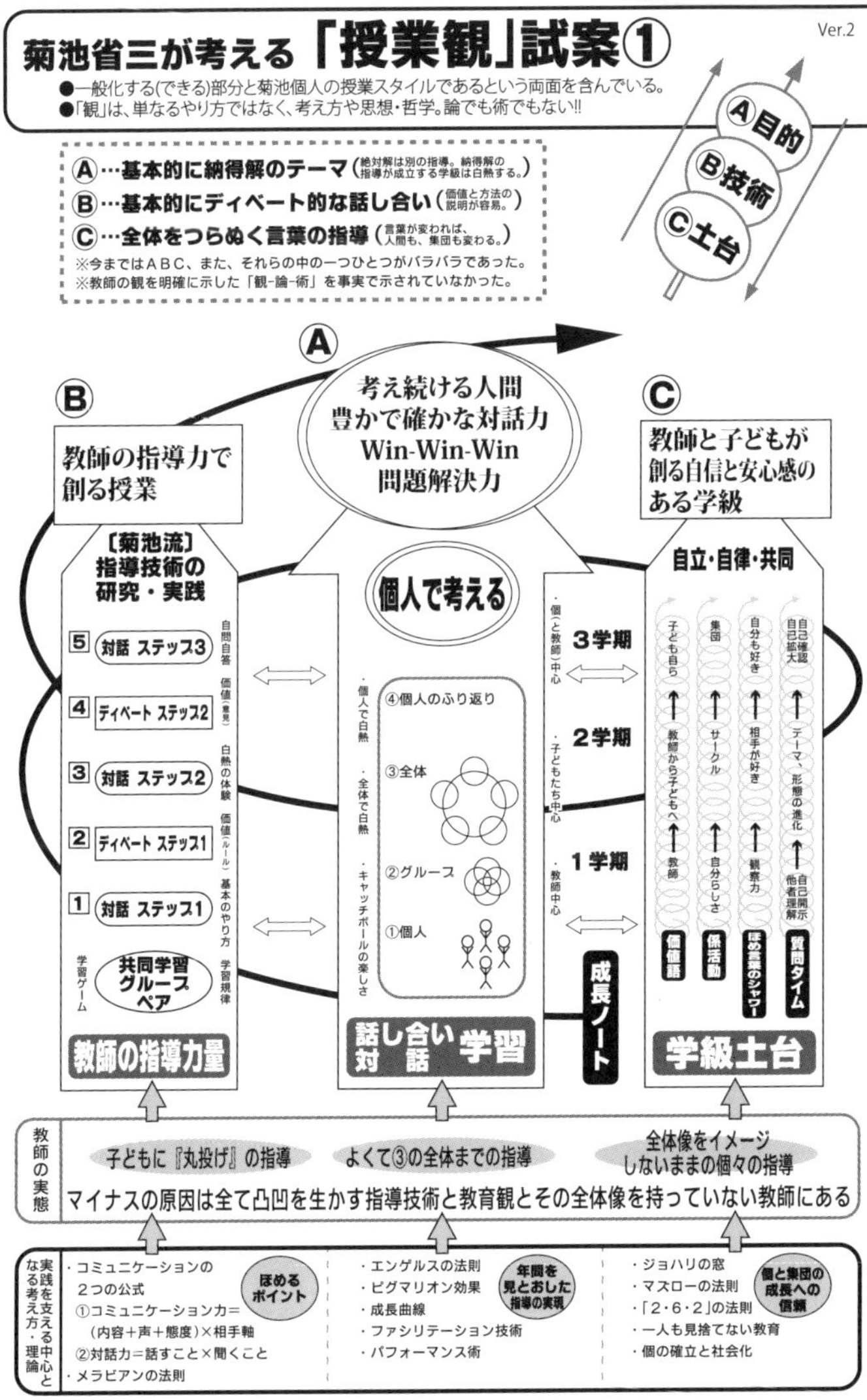
菊池省三が考える「授業観」試案①
Ver.2
●一般化する(できる)部分と菊池個人の授業スタイルであるという両面を含んでいる。
●「観」は、単なるやり方ではなく、考え方や思想・哲学。論でも術でもない!!
Ⓐ目的
Ⓑ技術
Ⓒ土台
Ⓐ…基本的に納得解のテーマ（絶対解は別の指導。納得解の指導が成立する学級は白熱する。）
Ⓑ…基本的にディベート的な話し合い（価値と方法の説明が容易。）
Ⓒ…全体をつらぬく言葉の指導（言葉が変われば、人間も、集団も変わる。）
※今まではＡＢＣ、また、それらの中の一つひとつがバラバラであった。
※教師の観を明確に示した「観-論-術」を事実で示されていなかった。
Ⓐ
考え続ける人間
豊かで確かな対話力
Win-Win-Win
問題解決力
Ⓑ
教師の指導力で創る授業
〔菊池流〕指導技術の研究・実践
5 対話 ステップ3
4 ディベート ステップ2
3 対話 ステップ2
2 ディベート ステップ1
1 対話 ステップ1
自問自答
価値（意見）
白熱の体験
価値（ルール）
基本のやり方
学習規律
学習ゲーム
共同学習 グループ ペア
教師の指導力量
個人で考える
・個人で白熱
・全体で白熱
・キャッチボールの楽しさ
④個人のふり返り
③全体
②グループ
①個人
話し合い 対話 学習
・個（と教師）中心
・子どもたち中心
・教師中心
3学期
2学期
1学期
成長ノート
Ⓒ
教師と子どもが創る自信と安心感のある学級
自立・自律・共同
子どもも自ら ← 教師から子どもへ ← 教師
集団 ← サークル ← 自分らしさ
自分も好き ← 相手が好き ← 観察力
自己確認 自己拡大 ← テーマ、形態の進化 ← 自己開示 他者理解
価値語
係活動
ほめ言葉のシャワー
質問タイム
学級土台
教師の実態
子どもに『丸投げ』の指導
よくて③の全体までの指導
全体像をイメージしないままの個々の指導
マイナスの原因は全て凸凹を生かす指導技術と教育観とその全体像を持っていない教師にある
実践を支える中心となる考え方・理論
・コミュニケーションの2つの公式
①コミュニケーション力＝（内容＋声＋態度）×相手軸
②対話力＝話すこと×聞くこと
・メラビアンの法則
ほめるポイント
・エンゲルスの法則
・ピグマリオン効果
・成長曲線
・ファシリテーション技術
・パフォーマンス術
年間を見とおした指導の実現
・ジョハリの窓
・マズローの法則
・「2・6・2」の法則
・一人も見捨てない教育
・個の確立と社会化
個と集団の成長への信頼

くらいに拍手をしよう」
④真っ直ぐ挙手させるために「右手の中指の爪の先を天井に突き刺す」「（曲げて挙げている子どもに）それは、皇族の方の挙げ方です」
⑤聞き手を見ないで話す子どもに「一番聞いてなさそうな友達をガン見しながら話して」
⑥拍手やリアクションがいい子どもに「拍手リーダー」「リアクションの神」「笑顔の女王」
⑦以上のように、笑顔になれるような声かけで、楽しみながら規律的なことを指導すると教室の空気は柔らかいものになる

## ●拍手について

これまでの中に、「拍手」について触れたところが何か所かありましたので、最後に「拍手」についての私の考えをまとめておきます。

拍手の主なねらいや効果を、

①教室に一体感をもたせる
②動きをつくるスタートにする
③温かい雰囲気を生み出す
④動いて楽しくする（表情が変わる）

⑤緊張をほぐす
⑥場面を切り替える
⑦称賛、承認をする
と考えています。

なぜ、飛込授業で菊池は拍手をするのかというと、多くの学級は、右の①から⑦が不十分だからです。

つまり、多くの学級は、
①一体感がない。つながりが薄い
②動きがなく硬くて遅い
③雰囲気が殺伐としている
④担任の悪しき一斉指導で楽しさがない（低学年・・躾偏重、高学年・・指導がマンネリ）
⑤「らしさ」を発揮した経験もないから「出よう」としていない
⑥メリハリ、切り替えスピードが遅い

⑦ほめて認めて盛り上がる体験や空気が弱い

このような教室は、悪しき一斉指導の象徴でもあると言えます。拍手が教室の中にあるかどうかでも、「観」の違いが明確です。

教師のめざす方向が旧態依然としているからか、「拍手」の効果や価値が分からない教師も多いようです。

「集中して静かに」だけで押し通そうとすることは、教師の間違った幻想であるとさえ思います。見栄えだけを整えようとして、子どもの学びを大切にしていないのです。

このような教師の教室で授業を飛込で行う場合、まずはその空気を打ち破り、学び合う温かい空気に換える必要があります。

拍手の状態から、子どもたちの参加意欲、参加率などを判断することもできます。

ちなみに私自身の担任した学級では、拍手を多用するのは4月ぐらいです。後半は、静かに白熱したり、激しく白熱したりする教室になっているので、拍手も自然と必要な場面だけになっていくのです。

このように考えると、拍手1つとってみても「観」の違いは明確です。

# 第5章

# 「コミュニケーション科」の実現をめざして

数年前から、漠然とではありましたが、「コミュニケーション科という教科をつくりたい」という思いが私の中にありました。

私自身の教職人生をふり返る中で、コミュニケーションという言葉は外せないキーワードですから。

その思いが、日々全国を回っている私の中で、年々強くなっていました。

もちろん、このようなことは、すぐにできるはずはありません。当たり前です。それを百も承知で私は、本気で思い考え実現に向けて動き出そうと決めたのです。

初めてそのことを口にしたのが、2019年の夏に開催した菊池道場全国支部長会議の場でした。

その後も少しずつですが、コミュニケーション科の全体像を考えています。

2021年3月から、中村堂から「コミュニケーション科叢書」の発刊をスタートしました。

これまでに3冊をまとめました。

> コミュニケーション科叢書①
> 「温かい人間関係を築き上げる『コミュニケーション科の授業』(2021年3月)
> コミュニケーション科叢書②

「社会を生きぬく力は　小学校1時間の授業にあった」（２０２1年9月）
コミュニケーション科叢書③
「『5分の1黒板』からの授業革命 新時代の白熱する教室のつくり方」（２０２2年1月）

学校教育の1年間のカリキュラムの中に、35時間の「コミュニケーション科」という教科を位置づけるということが最終的な目標ですが、その「コミュニケーション科」を通してどのように力を育て、どのような人間を育てるかという「めざすもの」が何よりも大切であると思います。そのことにこだわって、回りくどいようですが、「悪しき一斉授業」から「対話・話し合いのある授業」への転換を、様々な切り口でアプローチし示していくことを現在進めています。そして、同時に35時間の具体的な授業内容についてもお示しできるように、菊池道場内で学びを進めているところです。

## ■「コミュニケーション科」設立への思いに至ったきっかけ

### 1．コミュニケーション指導の経験から

30数年前に簡単な自己紹介スピーチもできない6年生との出会いがありました。

「スピーチができない子どもたちに出会ったのだから、1年間かけてスピーチのできる子どもに育てなさい」

お師匠さんでもある桑田泰佑先生からこう言われたのが、コミュニケーションの指導を始めたきっかけです。自己紹介スピーチも満足にできない6年生と出会ったとき、困って相談した電話の向こうで話されたお言葉です。

平成2年の春でした。

当時は、コミュニケーションという言葉も教育界にはほとんどありませんでした。話し言葉、音声言語といった言葉であったと記憶しています。スピーチは、独話と表現されていました。読解指導、作文指導が花盛りの国語教育界でした。

桑田先生のご指導を受けながら、教育書ではなくビジネス書を中心に学び、手探りの状態で1年間スピーチを中心に教室での実践を繰り返し行いました。

結果、子どもたちは、劇的に変わりました。学級崩壊をしていたような教室が、見事に甦ったのです。一人ひとりが積極型の人間に育ち、温かい絆で結ばれた集団へと変貌していったのです。1年間で全く違った教室になりました。

桑田先生が、「コミュニケーションの指導は、子どもの人間形成に必要であることが解明された」と言って、大変喜んでくださったことを今でも思い出します。

あれから、30年以上が経ちました。

担任時代は、どの学年でも、どんな「気になる子」がいても、コミュニケーションの指導を学級づくり、授業づくりの根幹において行ってきました。子どもたちは、毎年、驚異的な成長の姿を見せてくれました。

退職後は、全国を飛び回り、その必要性を訴えてきました。少しずつですが、確かな手応えを感じています。今では、30数年前に感じたことが、確信に変わっているのです。

## 2. 現行のカリキュラムでは不十分であるという指導経験から

コミュニケーションの指導は、意図的、計画的、総合的に取り組む必要性を感じています。国語科の「話すこと・聞くこと」の単元だけで行っても限界があります。そのような技術レベルの指導では、子どもたちの「生きる力」には結びつかないのです。

また、日常の「思いつき」に近い躾レベルの指導を繰り返しても力はつきません。子どもは萎縮し、笑顔が消えていくだけです。主体的な人間は育たないのです。

私自身のこれまでの実践から、新しいカリキュラムが必要であると判断しているのです。

## 3．全国の学校、学級を訪れての実感から

全国の様々な学校を回る中で、コミュニケーションの弱さを実感しています。

先生と子どもたちの関係が不安定で、子ども同士のつながりが希薄な教室をたくさん見てきました。

子どもたちは、教室、学校の中で、もがき苦しんでいるのです。自分の思いや感情を表すことができず、相手のそれらを受け入れることもできず、小さな殻の中に閉じこもって、自分を見つけられずにいるのです。

コミュニケーションを重視した飛込授業の中で見せる子どもたちの笑顔を、全国の学校教室でよみがえらせたいのです。

## 4．コミュニケーション力不足が引き起こす現在の学校での問題点から

多くの学校では、いじめ、不登校、学級崩壊といった問題に毎年直面しています。残念なが

ら、それらの問題に、いじめ対策、不登校対策といった「対処療法」で対応しているのが現場の現状です。

私は、それらの問題の多くは、コミュニケーション力不足がひき起こしていると考えています。人と人との関係が上手く築けていないから起きていると思うのです。

コミュニケーションの指導を大事にするということは、対処療法ではなく、アンビシャスな子どもを育てることにつながります。

## 5. 子どもから大人までが必要としている事実から

私は、現在、幼稚園・保育所・こども園から、小学校、中学校、高等学校、大学の先生方や企業、一般の方たちと会っています。

そこで多くの方が話されるのは、子どもたちだけでなく、大人にも「コミュニケーション力の不足」という問題があるということです。コミュニケーション力というものの必要性を、みなさん共通して感じられているということです。

コミュニケーションの力は、体験しないと伸びない力だと言われています。それだけに、小学校時代から体験を通して学ぶ必要があると考えるのです。

## ■コミュニケーション科とは

現時点では、『温かい人間関係を築きあげる力を育て合う教科』と定義づけておこうと考えています。

技術指導を全面的に指導するのではなく、民主主義の考え方に立ち、

・学級の人間関係をよりよいものにするため

・学級の学びの絆を強いものにするため

ということを第一に考えて指導するということです。

具体的な授業時数は、各学年年間35時間を予定しています。

## ■コミュニケーション科でつけたい力

次の4点を考えています。

1．温かい人間関係をつくる力

2. 自分らしさを発揮しながら、他者と協力して「学び」ができる力
3. 相手を理解し好きになって、一緒に成長できる力
4. 意味や感情を、言語・非言語等を活用して伝え合う力

授業は、対話的な授業になりますから、学級づくりの視点に立った内容になります。言い換えるなら、学級づくりの視点がないと成立しない教科であるということです。

## ■コミュニケーション科のカテゴリー

言葉の指導を核とし、「聞き合う」ということをキーステーションに、次の7つのカテゴリーを考えています。

①人との関わり（人間関係向上力）
（例）ほめ言葉のシャワー、質問タイム
②言葉への興味・関心（社会性語彙力）
（例）価値語、笑い（知識と教養）
③即興力（身体表現力）

（例）コミュニケーションゲーム、演劇（演劇的表現）
④自分らしさ力（言語＋非言語）
（例）パフォーマンス力、プレゼン力
⑤対話・話し合い力（文脈力）
（例）子ども熟議、ディベート的話し合い
⑥個と集団を育てる議論力（読む力）
（例）学級ディベート
⑦社会形成力

## ■留意しておきたいこと

現行の国語科との違いを明確にする必要があると考えています。
例えば、スピーチにおける国語科とコミュニケーション科の違いを考えてみます。
・国語科…内容中心、説明的文章中心、声の大きさ中心、「姿勢よく」が中心、正しくきちんと、が中心。正解主義。減点法。

・コミュニケーション科…「コミュニケーションの公式」の考え方による、内容、声、表情姿勢と温かい思いやりが中心、自分らしく温かく、が中心。成長・変容主義。加点法。
このように、学校教育の基本方針を大きく転換するものまであると考えています。

今後、実践研究を繰り返しながら、よりよいものに練り上げていきたいと考えています。

## ■コミュニケーション科の授業を支える言葉かけや行為、それらを支える考え方（観）

全国で行う飛込授業の参観や授業ＤＶＤを視聴された後に、先生方から今回紹介するような質問をよく受けます。その代表的な質問に答えることで、コミュニケーション科の授業を支える言葉かけや行為、それらを支える考え方（観）について説明します。
※「①②…」は、具体的な私の言葉、「・」は、私のねらいや考え方を説明しています。

**1．なぜ、スピードにこだわるのか？**

①「先生は、遅い人を待ちません」
・子どもの可能性を信じている。

・1年間のスパンで指導を考えている。

②「もう、書いているでしょうね（板書）」

・集中して取り組む学び方を教える。

・教室のリズムとテンポを生み出す。

③「並びながら出発します（特別教室等への移動時）」

・キチンとしている子を大切に、本当の公平を教える。

・無駄な指導、時間の使い方をしない。

④「切り替えスピード、もっと速く」

・子どもの可能性を信じている。

・短いスパンで成果を実感させる。

⑤「何でもスピードが大事です」

・メタ的認知を促す。

・生活、学び全般に習慣化させる。

⑥「速ければ、速いほどいい」

・大まかな目標の提示である。

・みんなで学ぶ時間の価値を高める。

⑦「頭の中が、『春の海』状態ではだめです」
・討論時の思考のスピードをめざしている。
・白熱する話し合いをゴールイメージの1つにもっている。
⑧「話し手の口元を見ていたら同時に動けるようになる」
・技を盗む力を育てる。
・細部にこだわる成長技術を学ばせる。
⑨「(スピードが速いと余った時間で)半分違うことができるはず」
・「一斉指導／学び合い学習」という考え方の可能性を広げる。
・学びの深化拡大や社会化を促す。
⑩「学びにおける本当の緩急が大事だよね」
・本当の個性、自分らしさの発見&伸長。
・学びの目的や内容を考えられる強い学び手を育てる。

**2. なぜ、拍手にこだわるのか?**

①「指の骨が折れるぐらいの拍手を」
・ユーモアを含む大まかな目標である

・教室の中の「非日常」を楽しませる

②「拍手をすると笑顔になるんだよね」

・楽しい学びの空気づくりである

・笑顔、拍手は主体的な学び手に必要であると考える

③「○○くん、君は拍手リーダー」

・ユーモアと一体感を生み出す

・場の空気をつくり動かせる人を育てる

④「拍手は参加度のバロメーター」

・学びの主体であることを感じさせる

・学びへの参加度を意識させる

⑤「場の空気を読めているから拍手できるんだよね」

・相手意識、目的意識をもたせる。

・「ほめて・認めて・励まし合う」という相手への思いやりを表出させる。

⑥「拍手は当事者意識の表れ」

・参加者としての自覚と責任をもたせる

・常に全員参加を求めている

⑦「学び合う仲間として、礼儀です」
・同じ教室にいる者は成長させ合う関係である
・お互いに尊重し合う証としての贈り物である
⑧「拍手もコミュニケーションです」
・非言語コミュニケーションの重要性を理解させる
・知識ではなく、成長し合う人間関係を重視する
⑨「誰にでも同じ拍手ができる人になろう」
・差別をなくし平等性を第一とする
・見えない「いじめ」をも排する正義と勇気でもある
⑩「両方（心から、型から）からできるのが論理的な人間です」
・両面から価値付けて行動できる人間を育てる
・考え続ける人間の体を意識させる

以上は、「自分から学ぶ、自分たちで学び合う気持ちと身体をつくる」ことの基本であると考えます。スピードや拍手だけではなく、アイコンタクト、うなずきなども、学び合う仲間としてのマナーであると考えるべきです。

## 3. なぜ、自由な交流を積極的に活用するのか？

①「自分から席を立って動くんです」

・主体的な学び手を育てる

・脱一斉指導の象徴的な学びの実現をめざす

②「(納得して動く) 一人が美しい」

・教科のねらいを越えた人を育てるという大きなねらいの中心的な考えである

・教育基本法第1条教育の目的「人格の完成」である

③「(声をかけ合う) 一人をつくらない」

・学び合う集団としてもつべき中心的な考えを示す

・教育基本法第1条教育の目的「健康な国民の育成」である

④「友達の意見を聞いて、写せばいいんだよね」

・個人内完結の学びではなく、友達と学び合うことを重視する

・全員が考えをもったあとの学び合いが学習の中心である

⑤「(交流で) まさか、男子女子別、好きな者同士はないよね？」

・学び合いは、当然学級づくり的な課題が出てくる

・健全な関係性の中で対話的な学びは成立する

⑥「交流は、笑顔でお願いね」
・人と論を区別することが大原則のルール
・コミュニケーションはお互いの成長であり勝ち負けではない
⑦「まさか、同じ人とばかりじゃないよね」
・学びは進化していく、させるべきものである。
・一人ひとりの違いの事実と効果の実感
⑧「(交流中に)ちょっとストップ。何か気になることない?」
・自分たちのことを自分たちで解決していく民主的な学び
・関係づくりと学び合い授業との一体化
⑨「誰とでもできます、します。これが○年生だよね」
・自発的、自治的風土の醸成
・甘えを断ち切り負荷を与える
⑩「これは、誰と話したい、聞きたい。こう考え行動できる自分たちでありたいよね」
・学びの自立を求める
・目的と手段の関係の指導とその理解

## 4. なぜ、列指名を多用するのか？

①「はい、この列立ちましょう」
・全員参加が当たり前であることを実感させる
・発言をする、しないが問題ではなく、その後の学び合いを重視して大事にする

②「まさか、同じです、一緒です、はないよね」
・一人ひとりが違うことは当たり前だと考える
・自分を出す学びに向かう強さを求める

③「それでいい。分からなければ『分かりません』でいい」
・自己表現をすることを大事にする
・悔しさをばねに「次」が伸びればいいと考える

④「自分の言葉で言ってみて」
・答えは外ではなく自分の中にあると考える
・話すと人は自分の言葉になることを実感させる

⑤「一人ひとり違うんだ。これが教室なんだよね」
・違って安心という本来の教室のあるべき姿を示す
・正解主義の授業ではなく、学校の本来の学びを示す

⑥「誰か、代わりに言える人いませんか？」
・フォローし合うのが教室での学習の当たり前である
・個人戦ではない団体戦としての学びをつくる

⑦「例えば？」「なぜ？」
・具体と抽象の往復で考える力を育てる
・具体化する学びの心の強さを育てる

⑧「自分のことを自分の言葉で話す。大切なことですね」
・答えを自分でつくろうとする本来の学び手を育てる
・納得解を求める学び合いの楽しさを信じる心を育てる

⑨「即興力ですね」
・これからのコミュニケーションの在り方を示す
・他者とつながる自己開示力を伸ばす

⑩「全員参加。みんなで学び合うのが教室の当たり前だよね」
・学校教育の本来あるべき姿を示す
・一人も見捨てない教育の実現をめざす

以上の3．4．は、主体的・対話的で深い学びに向かうための授業改善の2大ポイントであると考えています。脱一斉指導のポイントです。

このような考え方に立った具体的な指導を日々行うべきです。コミュニケーション科の授業の土台です。

## ■子ども熟議を成功させるファシリテーターとしての教師の心得10

「子ども熟議」の指導場面を参観する機会が、時々あります。1年間の成長が問われる学年末などに、「みんなのことを、みんなで話し合って、みんなが幸せになるための取り組みを、みんなで決めたり変えたりする」ことに挑戦している教室は、参観していても勢いを感じることができます。

しかし、気になることもありました。教師のファシリテーターとしての在り方です。

「子ども熟議」は、学級ディベートと並んでコミュニケーション指導の中心でもあります。

コミュニケーション科の授業を進める教師の役割との視点で、「子ども熟議を成功させる教師の心得10」について述べます。

**1．最初のルールを徹底させる**

・話し合いの目的、ルールを最初に明示して、声に出して読ませたり書かせたりして全員で守るようにさせます。

・積極的に発言する、結論をまとめるのは自分の責任である、時間を守るのは自分である、全員の発言を尊重しようとする、決めたことを実行しようとする、以上が参加者の責任です。そのような約束を指導者は全員にさせるのです。

「全員起立。3回声に出して読みましょう」

「このルールを全力で実行しましょう」

**2．準備や場づくりを工夫する**

・グッズは色、物、数を選択制にします。複数用意、少し多めに用意、余分なものも用意するくらいがよいでしょう。自由に選べるように置き場を用意しているとよいでしょう。

「チームで話し合って準備するものを選んでください」

※模造紙や画用紙、付箋などは色や大きさを数種類用意します。マジックも太さや色を豊富に揃えておくとよいでしょう。チームで選ぶところがよいのです。話し合いへの意欲が高まります。

## 3．最初と最後の言葉を大まかに決めておく

・話し合いの最初と最後は「こう話す」と言葉を決めておくことです。だらだらと話し始める方をよく見かけます。話し合いの雰囲気が壊れてしまいます。

・ポイントは言い出しの内容と話す時間を決めておくことです。

　キーワードをメモしておくとよいでしょう。

「今から全員で素晴らしい話し合いをします。この話し合いの目的は……です」

「みなさん、お疲れさまでした。白熱した素晴らしい話し合いがどのチームでも行われていました」

## 4．スタートを楽しい雰囲気にする

・参加者の緊張をほぐすことが大切です。動きと笑顔がキーワードです。そのために最適なのが拍手です。やる気を高めたり、一体感を確認したりする効果もあります。

「○○チームの姿勢がいいですね。みんなで拍手をしましょう。拍手～」

「みんなで頑張ろうという気持ちを拍手に込めましょう。大きな拍手をお願いします。拍手～」

※拍手の3大原則は「強く、細かく、元気よく」です。拍手の前に教えたい言葉です。

この「強く、細かく、元気よく」を大きな声で3回言わせるのも効果的です。

各チームで拍手が話し合いの中でもたくさん出てくるようにします。

**5．指示には必ずその理由を述べる**

・指示するときには、必ず「なぜそうしないといけないのか」「そうすることでどんな効果が出てくるのか」といった理由付け（価値付け）を行います。

「まず、付箋に各自が考えを書きましょう。書くことで考えが整理できます」

「意見を整理しながら、さらによい意見を考えるようにしてください。それが子ども熟議を開く意味なのですから」

「友達の意見に質問をし合いましょう。対話が活発になり深まってきます」

できているチームには、

「自分の考えが整理できていますね」

「新しい意見が出てきていますね」

「全員参加の活発な話し合いになってきましたよ」

などといった言葉かけをします。

## 6．質問には自分で答えないで参加者全員に聞く

・進行等に関する質問が出てくるときがあります。その質問者に自分の考えを述べるだけにならないようにします。

「今、話し合いの進め方について大切なご意見が出ました。みなさんは、どう思われますか？」（「残り10分で決まらなかったらどうするのですか？」「もし決まったことが実行できなかったらどうするのですか」といった参加者からの意見が出た場合）

※自分で答えないほうがいいのです。参加者に聞くことは参加者の主体性を育てることにもなります。

常に全員で考え話し合い決めていくというスタンスが基本です。

## 7．参加者を「動かす」ことを意識する

・意見を整理するときや全員が模造紙を見ることができるように、全員を模造紙が見える位置に移動させて話し合いを始めます。立ったり座ったり、移動したりさせるのです。

また、どこかのチームが立ち上がったら、「このグループのように立ち上がって整理するのはかまいません」とほかのチームにも呼びかけます。

話し合いに変化が出て意見も活発に出始めるという効果もあります。

## 8. 発言を常に見える化させるように声かけをする

・子どもたちは、「決まったこと」だけを書こうとします。意見の理由や説明を書かないのです。それでは話し合いの流れが見えません。話されたことが消えていくからです。

「決まったことだけではなく、出てきた意見も全て書きます」

「意見がどのように続いていったのか、矢印も使って見て分かるように書きましょう」

と時々声かけをします。

そのために、

・文字は読んで分かるようであればよい

・模造紙等は必要があれば何枚使ってもよい

・発言のポイントを書くために、発言をある程度聞いてから書く

書けなければ、発言者に確認したり「何と書けばいいですか？」と聞いたりすることを伝えておきます。

## 9. 意見の対立ではなく共同を促す

・子どもたちの話し合いを聞いていると、「どっちの意見がよいか」といった基準で進めているようです。違う意見を「1つの意見にまとめよう」という発想が弱いようです。そのまま

にしていると話し合いは対立ばかりになってしまいます。

そこで、

「どの意見も模造紙の中に書きましょう」

「よい意見を選ぶのではなく、出てきた意見を1つにまとめましょう」

「みんなで新しい意見をつくりましょう」

とアドバイスをします。

みんなで話し合うことで、個人で考えた以上の意見を考えることをさせるのです。

## 10.「安心と自信」を指導のキーワードにする

・話し合いに抵抗を感じている子どもは必ずいます。そのような子どもを出さないように常に配慮しておきます。
話し合いを始める前に、
・どの子にも失敗感を与えないようにしよう。
・発言した子どものよさをほめて自信をもたせよう。
・どの意見もよいところを探し、ほかの意見とつないで生かしてあげよう。
・全員で話し合ったよさを全員に体験させてあげよう。

といった指導のねらいを強くもつべきです。指導者のそのような思いは、具体的な声かけや態度になって表れ、必ず子どもたちに伝わるはずです。

## ■「コミュニケーション科」の授業成立に向けて―「対話・話し合い力」学級診断チェックリスト

コミュニケーション科の授業は、従来の「教科書を教える」授業とは大きく違いますから、コミュニケーション科の授業を実施していく上で、子どもたちの実態が気になります。

コミュニケーション科の授業は、子どもたちの活動中心の授業ですから、その授業の質は、子どもたちの実態に大きく左右されるのです。

ここでは、現時点で私が考える、「この視点で教室の成長度を診断してほしい」ということを示します。年間を通して育ててほしい学級の力です。

それらは、菊池実践がめざす教室であり、授業でもあります。

Ⅰ　5つの「力」は、「ほめ言葉のシャワー」「価値語指導」「成長ノート」「挙手→指名→発表のみからの脱却」「少人数による話し合い活動の導入」という5つの菊池実践を意識しています（5つの実践は複合的に絡んでいます）

Ⅱ　5つの「力」の各①②③は学級のコミュニケーション力のチェック項目です。全部で15個あります。教師だけではなく、中学年以上であれば、子どもたちにも定期的にチェックさせてみたいものです。

Ⅲ　「❶❷」「△」や「・」は、教師の考え方や指導のポイントを示しました。今後、より具体的にその指導のステップを明示していきたいと考えています。

1．共感力…ほめて認めて励ます教室軸

①友達の発言を笑顔で聞き合っていますか

②素敵な発言にほめ言葉がありますか

③称賛の自然な拍手が起きていますか

❶ほめて認めて励ます意識や身体を育てているか

△「先生の話は黙って、席について聞くもの」の授業観から脱却できているか

・減点法、正解主義、同調圧力から脱却できているのか

❷教室の温かい空気をつくるパフォーマンスを行っているか
△「10割ほめる」指導を行っているか
・子どもを「みる」、子どもに「寄り添う」を実際に行っているか

2. 学び合い力…フォローし合う学びの集団
①友達の発言のキーワードや友達の発言の違いを言えますか
②困っている友達をフォローし合えていますか
③友達の発言のよさが言えますか
❶「一人も見捨てない」という指導観に立っているか
△「全員プロデュース」という責任と覚悟があるか
・個と集団、「2・6・2」の法則、成長曲線などを意識しているか
❷「一人ひとり違っていい」という指導観に立っているか
△「違い＝自分らしさ」という捉え方とその生かし方を大事にしているか
・安心感のある教室、違いから深める学びを実際の指導で行っているか

3. 人間関係構成力…心の開放と人間の平等観
①上機嫌で関わりを自分からもっているか
②学級の誰とでも交流し合うことができているか

③「一人をつくらない」学び合いができているか

❶授業づくり＝生徒指導、学級づくりという考え方と指導技術があるか

△「授業づくり」と「学級づくり」は別という指導観を消しているか

・ファシリテーターとしての教師の指導技術を身につけているか

❷「授業の型」ではなく「学習意欲」に目を向けているか

△コミュニケーションを重視した授業の在り方を取り入れているか

・子どもたちの心配感や困り感を理解して解決方法を取り入れているか

4. 質問力…考え続ける個の育成

①受け身の学びではなく、質問が開放的にできているか

②周囲の目を気にせず質問が自然にできるか

③質問形式のコミュニケーションが行きわたっているか

❶対話・話し合い力の中心は質問力であると捉えているか

△一方通行から双方向のコミュニケーションが大事であると認識しているか

・絶対解と納得解の違い、新たな気づき発見の醍醐味を第一に考えているか

❷コミュニケーションにおける心理的抵抗感を理解しているか

△「分からない」を大事にできる学習集団を育てているか

・みんなで学びをつくり上げていくという目的や価値を理解しているか

5．価値語力…学びを支え育てる基礎学力

①抽象度の高い熟語を使用しているか

②価値語を植林しているか

③読むこと、書くことが自然になっているか

❶「人間を育てる」という大きな目的に向かって教育しているか

△「ことばの教育」を全教科領域の全ての指導で行っているか

・教師が最高の言語環境になろうとしているか

❷「基礎的な学力」をどこに置いているのか自問しているか

△「数値化できる学力」のみからの脱却をしているか

・読書力、語彙力、意味の含有率の高い表現力の育成指導を積み重ねているか

以上は、コミュニケーション科の授業を成立させる上で、どれも外すことができないものであると考えています。

授業観には、大まかに言って2つあると思います。

1つは、「授業の型」を重視する考え方に立ったものです。「よい」とされる型の通りに進め

られたかどうかで判断する考え方です。全国で行われている「○○県版スタンダード」「○○学校ベーシック」といった授業を大事にする授業観です。

もう1つは、「学習意欲」を重視する考え方に立ったものです。授業の良し悪しを決めるのは、子どもたちの意欲であるという考え方です。授業時の子どもたちの表情、目つき、声の勢い、立ち振る舞いの在り方などを大事にする授業観です。

菊池道場は、後者の授業観に立っています。この考え方は、菊池道場の顧問でもある本間正人先生の「学習学」にも通じるところだと思います。

41ページに掲載した、「『授業観』試案④」を改めてご覧ください。教育学から学習学へ、教師のパフォーマンス力、教師の身体スキル、プラスのストローク・言葉かけ、といったものの重要性を確認していただけるのではないかと思います。

そして、それらが豊かな「対話・話し合い」のコミュニケーションあふれる授業成立に必要不可欠であると確信がもてるであろうと期待しています。

## ■基本的なコミュニケーションを鍛える授業（初級編）の提案

全国で飛込授業をさせていただき、そこでの学びの発見を喜んでいます。一方、どうしても気になることもあります。それは、子どもたちのコミュニケーション力が弱いということです。話せない、聞けない、話し合えないという学級が多いのです。

そこで、基本的なコミュニケーションを鍛える授業（初級編）を考えました。「楽しみながらコミュニケーション力を育てる10の授業」（中村堂／2018年）の中で、授業のねらいや展開例を詳しく紹介しています。「主体的・対話的で深い学びを成立させるための基本的なコミュニケーション力を鍛える授業群です。

取り組んでいただくことを願っています。

### 1．「教室からなくしたい言葉・あふれさせたい言葉」を考える授業

○アンケートから考えさせる

➡価値語（指導）、成長年表へ

菊池実践は、言葉を大切にしています。この2つのアンケートは、できれば毎学期行いたい

ものです。特に、あふれさせたい言葉は、価値語の第一歩でもあるので必須です。

同じように、「一年後に言われたい言葉・一年後に言われたくない言葉」のアンケートも行い、言葉で目標を立て、言葉を意識した生活を促したいものです。

**2．自由起立発表の仕方を教える授業**

○「見たこと→感じたこと→イメージ」の順で発言させる

⬐授業中の発言、ほめ言葉のシャワーへ

たくさんの教室を参観させていただいています。その多くは、「挙手→指名→発表」で授業が進んでいます。一部の子どもだけが活躍する授業になりがちであり、教室の中に全員参加の勢いが生まれません。

「書いたら発表」「相談したら発表」といった価値語と共に、必要に応じて自由起立発表も普通にできる学級にしたいものです。

**3．意見は「質より量」の大切さを教える授業**

○5分間で1枚の写真から気づくことをたくさん出させる

⬐授業中の発言、白い黒板へ

多くの教室は、最初から1つの正解を求めなければならない、といった空気が強いです。意見は、最初は量です。何でも言える、何を言っても大丈夫、といった教室の安心感を大事にすべきです。

1枚の写真から、5分間で4人グループだと百個をめざしたいものです。

## 4.「3つあります」スピーチの導入授業

○モデル文から文章構成を教える

➡各種スピーチ、成長ノートへ

指導がない教室の子どもの感想の多くは、「～だったので、楽しかったです」といった薄いものです。このような状態のままでは、集団での深い学びも起こりません。

最初に、「3つあります」と話してから自分の思いや考え、意見、主張等を伝えられるようにしたいものです。慣れるとそれが普通になります。表現内容が豊かになります。

## 5. スピーチ力を伸ばす授業

○子どものスピーチからよいところを見つけ出させる

➡コミュニケーションの公式

私は、コミュニケーションの公式として、コミュニケーション力＝（内容＋声＋表情・態度＋α）×相手軸と示しています。

コミュニケーションは、言語内容だけではないのです。非言語の部分が、伝え合う要素としても大きいのです。このことを理解させる授業です。

友達数名のスピーチのよいところを見つけ合うようにさせます。

・ちょうどよい大きさの声
・発音がはっきりしている声
・やわらかい笑顔
・聞き手に向けている目線
・伝えようとする身ぶり手ぶり
・落ち着いた姿勢

など、子どもたちはたくさんのことを見つけます。この公式の意味が体験を伴って理解できるようになると、子どもたちのコミュニケーション量は圧倒的に増えてきます。

## 6．対話力を伸ばす授業

○ヒーロー・ヒロインインタビューから傾聴力のポイントを学ばせる

■対話力の公式

ヒーロー・ヒロインインタビューは、本間正人先生のご講演で知りました。温かい関係性を築くだけではなく、傾聴力を鍛える方法としても有効です。

対話力の公式は、

| 対話力＝話すこと×聞くこと |
|---|

であると、日本ファシリテーション協会フェローの加留部貴行先生から教えていただきました。一方通行ではなく、双方向のコミュニケーションであるということです。

多くの教室では、スピーチ系のコミュニケーションがまだ主流です。対話系になっていないのです。これからのアクティブ・ラーニングの時代は、対話系です。そこに気づかせることができます。

## 7．チームで意見を出し合い考え合う授業

○立場を決めて話し合いをさせる（例）「よい話の3条件（分かりやすい・ためになる・ユーモアがある）で一番大切なのは？」

⬇少人数による話し合い

対話の態度目標は、①しゃべる　②質問する　③説明する　だと考えています。

この３つの必要性を気づかせる指導が大切です。

・立場を決める

・理由を箇条書きで出す

・チームで対話をする

この流れを基本に行います。ある程度の時間であれば、「誰とでもできます。します」というレベルには鍛え上げたいものです。対話のコツが分かれば容易にできます。

## 8．即興力を鍛える授業

○チャップリンゲームで自分の言葉で話をさせる

⬇少人数による話し合い、学級ディベート

これからのコミュニケーション力のポイントは、即興力であると考えています。

訪れる教室の中には、書いたことしか言わない、書いたことしか言えない子どもが意外と多いのです。

「私にとって…」で始まるチャップリントークは、答えは自分の中にある、自分の言葉で語ることでいいんだ、といった自信と安心感を与えてくれます。それによって、一人ひとり違ってよいという価値ある考え方も浸透していきますから、教室のコミュニケーションは劇的に変わります。

### 9．質問力を鍛える授業

○友達紹介質問ゲームで質問し合うことの楽しさを体験させる

⬇白熱する話し合い、質問タイム

子どもたちの質問力を鍛えたいものです。この力は、豊かな対話や話し合いの肝になるものです。

ところが、多くの子どもは、「質問は恥ずかしいこと」「質問は、勉強ができない人がするもの」といったマイナスのイメージを質問に対してもっているようです。間違いです。新たな気づきや発見を生み出すには、質問力は不可欠です。質問することは、能動的な学びにつながるものであることを、子どもたちに実感させるべきです。

### 10．学級ディベートの土台となる授業

○3つのゲーム（なぜ〜なぜなら・対決型問答・でもでもボクシング）で「話す」「質問する」

「反論する」のポイントをつかませる

## ➡学級ディベート、少人数による話し合い

私は、「主体的・対話的で深い学び」を実現させるために、ディベート指導が有効であると考えています。ディベートには、他の話し合いの方法よりも、比較的安定したルールがあるからです。指導しやすいという利点があるのです。

ただ、ディベートは規模が大きなゲームですから、身につけさせたい技術を取り出して、楽しみながら身につけるゲームを指導するのです。

私たちの提唱する「学級ディベート」とこの授業をリンクさせると、日常のディベート的な授業が白熱してきます。

ここで取り上げた10の授業を、年間計画の中で効果的に位置づけて、対話・話し合いが豊かに行われる教室を創ってほしいと願っています。

# 第6章

# ドキュメンタリー映画「挑む」三部作を制作していただいて

２０１６年４月「挑む」菊池省三　白熱する教室　第一部
２０１７年７月「ニッポンの教育」挑む　第二部
２０２１年９月「教師×人間　菊池省三」挑む　第三部

映画監督・筒井勝彦氏によって、私の実践を題材としたドキュメンタリー映画をこれまでに３本制作していただきました。

## 1　子どもがいるところに行くのが先生だから…

昭和57年の春3月に、脳梗塞で倒れた父親が、私に言った言葉です。大学卒業を控えた私に残した言葉です。愛媛県の教員採用試験に落ち、北九州には合格していた私は、救命救急センターのベッドに横たわっている父親に、

「申し訳ない。もう一度、愛媛の試験を来年度受けるから…」

と、変わり果てた父親の姿を前にして、言葉を絞り出すだけしかできませんでした。

そんな私に、

「愛媛だろうが、北九州だろうが関係ない。子どもがいるところに行くのが先生だから、北九州に合格しているのなら、北九州の子どものところに行きなさい」

と話したのです。不甲斐なさを叱られると思っていた私にとって意外な言葉でした。

今では、当時の日教組の教師らしい言葉だと思います。この言葉に押されるようにして、私はその年4月に北九州で教壇に立つようになりました。

## 2 子どもたちの名誉のために

33年間の北九州での教師生活は、一言で言うと充実していました。子どもたちに恵まれ、保護者には支えられ、共に学び合う教師仲間にも出会えました。しかし、常に私の中には、「体制への健全な怒り」が根底にありました。旧態依然とした教育を金科玉条のごとく「是」とし、変化を恐れて新しいものへの否定しかしようとしない教育界の体制への怒りです。

ですから、若い時から、体制とのたくさんの「衝突」がありました。指導法等をめぐっての戦いです。その代表的なものが、ディベート指導に関することでした。私を非難する先生方と、このような会話を何度も経験しました。

「菊池先生のやり方は、従来の北九州の指導とは異なる。反対です」

『私は、同じことをすることありきではなく、子どもたちに必要なことをしているのです』

「とにかく、北九州にはないディベートは指導してはいけない」

『では、私が先生の学級で授業をします。先生も私の教室で授業をしてください。子どもたちの感想でどちらがよいのか比べましょう』

「…」

『YESと言えないのなら、そのようなことは言わないでください。先生を先生だと思っている先生のクラスの子どもたちがいるのです。その子どもたちの名誉のために言わないでください。私は、私のクラスの子どもたちの名誉を守ります。負けません』

## 3　子どもの事実で勝負しよう

体制との戦いの中で、その怒りを教室での実践へのエネルギーに変えていきました。そんな日々を過ごす中で、気がつくと、「菊池道場」という学びの場が、数名の教師仲間との間にできていました。仲間との合言葉は、「子どもの事実で勝負しよう」でした。毎週金曜日の午後7時過ぎから道場に集まり、翌朝まで実践を持ち寄り語り合いました。その内容は、子どもや学級の事実を語り合うことでした。子どもや学級の成長を語り合うことでした。

ほめ言葉のシャワー、成長ノート、価値語、ディベート、コミュニケーションゲーム、対話・話し合い指導、白い黒板、質問タイム…。その後に「菊池実践」と呼ばれるようになった指導方法についても夜を徹して語り合いました。このような学びを続けていく中で、成長をキーワードにした「菊池実践」が、マスコミにも大きく取り上げられるようになり、全国に広がっていきました。

そのような中、全国のいたるところから、「私たちも道場で学びたい」という思いを同じくした教師が、たくさん現れてきました。「菊池道場支部」の誕生です。この動きは、あっという間に全国に広がっていきました。

その動きは止まらず、従来の一斉指導に代表される教師主導の古い授業観から、子ども主体の対話・話し合いを中心とした授業観へと、教育の在り方を変えようという動きとして加速し続けているのです。

## 4 「挑む」の映画に思うこと

教師になった頃は、当たり前のことですが、自分の映画ができるとは思ってもいませんでした。それも3作も。本当に光栄なことだと思っています。名誉なことだと感激しています。

33年間お世話になった北九州の教室を舞台の中心とした「挑む」の一部、ふるさと四国の高知県いの町を舞台にした「挑む」第二部、そして菊池道場の学びの原点を探る第三部と続いていますが、その不思議なつながりに幸せを感じています。

筒井勝彦監督は、「この映画は『奇跡の贈り物』だ」と言われました。これ以上の喜びはありません。

この映画には、「子どもがいるところに行くのが教師で、惑わされることなく自分の教育を追い求め、子どもたちの事実でそれを証明し続ける」という、私の変わらない信念が込められています。地方の公立小学校の教室の事実から、「『ニッポン』の教育を変えたい」という私の揺るぐことのない信念を込めています。

出会った全ての方に感謝しています。ありがとうございました。皆さんに感謝しながら、私はこれからも挑み続けます。

## 《「挑む　第三部」完成記念対談》

是永かな子（高知大学教職大学院教授）×　菊池省三

※２０２２年２月12日に高知市で開催された「菊池省三　魂の授業の記録〝挑む〟３作一挙上映会」の席上行われた、是永かな子先生（高知大学教職大学院教授）と私の対談記録です。

### ■自分も皆も好きになる教室

**是永**　今回、一部、二部、三部とも、それぞれ２回めになりますが、見させていただきました。それぞれに新しい発見がありました。最初に見たときには、見落としていたところがありました。一番心に残ったのは、人を好きになって、自分を好きになる、そして、集団を好きになっていくということです。Ｗｉｎ－Ｗｉｎ－Ｗｉｎの関係です。人がいて、自分がいて、そして集団があるということを第三部で元山さんが言っていましたが、小学校６年生の段階でそんなことを感じ、今でも鮮明に覚えているということが驚きでした。

**菊池**　ありがとうございます。第三部の冒頭にも出てきましたが、教室では、ディベートに取り組んでいました。知識偏重主義ではなく、生きる力としての価値判断がきちんとできる人間を育てたいし、その方向に進めることが正しいと信じてディベートを取り入れました。ディベートには、肯定と否定があります。別に喧嘩をするわけではありませんが、立場を決める中で、新しい案、もっとよいものをつくることをめざします。その意味で、審判を務める子も含めてＷｉｎ－Ｗｉｎ－Ｗｉｎなのです。皆のことを皆で話し合って、皆が幸せになるために対話・話し合いをするわけです。その力を育てていく方法の代表的な１つとしてディベートがあると考えています。あの時のクラスの子どもたちは、ディベートに限らず、学校生活、学級生活のあらゆる機会を通して、自分も皆も好きになるという方向に育っていったのではないかと思います。

**是永**　「学校の役割は、何か」と聞かれた時に、最近私は、「居場所の保障と仲間との学びの保障」と答えています。自己受容をするためには、他者受容が必要です。「いろいろな人が居ていい」ということが認められることで、自分も落ち着き、居場所が保障されます。今後、学びがＡＩやインターネットに置き換わっていく部分が多くなっていく中で、学校で学ぶことの意味は何なのかが問われます。その答えの１つとして、映画の中で内川くんが言っていた通り、

自分をさらけ出して話し合える同年代の友達がいることが大切だと思います。最近、講演を依頼される中で多い要望は、「人とのつながりができない子どもたちを、どうすればよいですか」ということです。地方では、1つの保育園から、1つの小学校へ、そして1つの中学校へと、ずっと人間関係が変わらず、友達と本当の会話ができない、友達のふりをしているだけになっている集団が気になる、という相談の依頼です。映画の中で、あれだけ真剣に他者受容をするために自己受容をして、皆で高まっていく集団ができているのが本当に素晴らしいなと思いました。

**菊池**　「挑む　第三部」の最後で、菊池学級の最後の教え子である内川くんと元山さんにインタビューに答えてもらいました。その中で、好きな価値語について内川くんは「一人が美しい」と言い、元山さんは「教室は家族だ」と言いました。この2つは、相反するようですが、共にとても重要なキーワードだと思っています。卒業して丸6年が経った段階で、その2つのキーワードが並んだことがすごいなと思いました。空気で動くのではなく、一人にならないといけない時に一人になりきる力を身につけた上で、多様な友達がいる教室では、一人も見捨てないで、教室は家族だと言い切っていました。子どもたちが、自分の中にそのことを落とし込んでいたということを改めて知り、感動しました。

## ■菊池実践とインクルーシブ教育

**是永**　菊池実践とインクルーシブ教育は、一緒だと思うことが多くあります。こだわりの強い自閉傾向がある子も、自閉支援の必要な子も、皆、自分が思うことをきちんと言っていい、空気を読まなくていいと言えることが「一人が美しい」という価値語に表されているのではないかと思います。また、一方で「教室は家族」だから、言いたいことを言います。ディベートでは、人と意見を区別して、言いたいことは言うけれど、人を傷つけたり人格を否定したりすることはしないで、自分はこう思うということをきちんと話しています。「挑む　第一部」では、岡田くんが皆とは違う意見を一人で主張しましたが、議論に負けてしまいます。でも、その直後に、歌と踊りを取り入れたほめ言葉のシャワーを友達に贈っていました。力強い個性が育っていると思いました。

**菊池**　映画の中には収められていませんが、意見を絞っていくために、私が「どこからつぶしましょうか」と問いかけると、まず、「岡田くんだけが主張していた意見をつぶす」ということになった場面で、岡田くんは「もー、皆、嫉妬しちゃって」と言います。人と意見は区別していますから、一人であっても、逆に一人の方が皆からいろいろ言われるから嬉しくて、「嫉妬しちゃって」と言っているのですね。先ほどの話に戻りますが、幼稚園から中学校まで続く規模の小さな人間関係の中で、自己開示もできず、同調圧力でスクールカーストと言われる固定化された立場に置かれたままでいるということは、人と意見を区別するというような根本の教育がそもそも行われていないのではないかと思います。小規模の人間関係では、一度トラブルがあると元に戻らないからと、腫れ物に触るように、何事も起こらぬまま時間が過ぎていくのを待っているような感じがします。当事者は、そうは思っていないのかもしれませんが、結果としてそのような教育しかしていないのではないかということを感じるのです。人と意見を区別するということは、教育の根本だと私は思います。

**是永**　菊池先生ほどではありませんが、私もいろいろな学校にお伺いしています。保育園、幼稚園、小学校、中学校が中心です。先日行った小学校で、「子どもが頻繁にケンカをします。言いたいことを言い合ってケンカをしています。どうやって止めたらいいでしょうか」と聞かれました。「言いたいことを言えるのは、すごく大事なことですし、子どもの可能性を信じて、子どもに問いかけてみたらどうですか」と答えました。小学校低学年のお子さんとのことでしたが、低学年だったら、当然言いたいことを言うでしょう。ある子が本を読んでいたところ、その本を取り上げようとした子がいてケンカになり、皆が集まって来ていろいろな意見が出てさらに騒ぎが大きくなったというような場面です。「それは、子どもたちが周りのことをよく見ているということだから、基本的にはよいことではないか。その上で、騒動が起こったときに、その場面ごとに子どもに問いかけながら、教師が道筋をつくってあげることが大切なのではないかと思います」と伝えました。菊池先生の動画を見ていると、ディベートの際にも、先生はポイントとなるところでは介入というか、方向づけをされています。基本は、子どもの視界からいなくなるという方向をめざして子どもを強く信じている様子が伝わってきますが。

**菊池**　そうですね。大切なことは、何を学ぶかということだと思います。何を学ばせて、どんな人間、どんな集団に育てていこうとするかという教師の思いが何よりも重要です。それがなければ、ケンカが起きないようにする対処療法を知りたがるだけになってしまいます。学校現場がどんどん忙しくなっていますので、事件に蓋をする方向になってしまうのではないかと危惧をしています。

**是永**　子どもは分かっていますよね。内川くんが見抜いていました。「教室の規律のために小石を取り除くように排除をしていたけれど、それは、僕のためじゃない」と。皆で高め合う、成長し合うという過程では、トラブルはあっていいし、言い合うことこそが大事ではないかと思います。それを経ないと、いつまでも子ども同士が表層的な関係のままで終わってしまうのではないかと思います。

**菊池**　学校は、「黙って、静かに席に座って、先生の話を最後まで聞く」という価値が最重要視されています。明治以降の学制発布から今日の学校の教育、授業の在り方は変わっていないのではないでしょうか。それにずっと縛られている感じがします。内川くんも元山さんも、5、6年生と担任をしました。4年生の時の武勇伝は耳にしていましたが、元々私は、コミュニケーションを重視した授業をしようと思っていましたから、2人のようによく動く子は、私にとっては宝物なのです。「はい、黙って。静かにする。動くな」ということは絶対に言いません。

発想も豊かですし、動きもありますから、自分にとっては全く苦になるお子さんではなかったですね。ですから、教師の側が、在り方を少し変えて臨むことさえできれば、彼らを生かす授業や教室づくりは、どんどんできていくということではないかと思います。先ほど、「菊池実践とインクルーシブ教育は一緒だ」というお話をいただきましたが、その点をもう少し詳しくお話しいただけますか。

**是永**　本日の映画上映会の休憩時間に小学校の先生とお話したことですが、「内川くんのようなお子さんを担任することになったばかりのときに、どのようなやり取りをしたのか、どういうふうに受け止めたかを聞いてみたい」と言われていました。目立つ動きをする、席を離れてしまう、やりたくないことをやりたくないと素直に言ってしまう、そんな子たちに会った時に、どう対応できるか。例えば内川くんは、菊池先生の授業観、あるいは教室づくりのイメージの中に入っていたのかもしれません。大事なことは、自分の枠組みに合わない子どもと出会った時に、教師が自分の在り方を変えられることがインクルーシブ教育になるのかなと思います。そうした子を排除してしまう教室とは大きく違います。これまでの多くの教室では、「どうしてできないの」と言っていました。あるいは、今も言っているかもしれません。それは、子どものせいにした考えであり、対応です。そうではなくて、「どうしたらできるかな」と、教師が引き取り、子どもと一緒に考えられたとしたら、それがインクルーシブ教育です。

**菊池**　4月7日の始業式の日、5年生になったばかりの彼らと対面しました。元山さんは、ポケットに手を入れて、本当によく動いていました。じっとしていられないのですね。ところが、一瞬動きが止まった時がありました。私は、メモ帳をパッと取り出してメモしておきます。「いいところ、あるじゃない」という気持ちで。内川くんは、「前から静かに座りましょう」と呼びかけると、素直に座ります。そんなことを、教室に戻ったら、最初にほめるのです。元山さんは、椅子にじっと座っていることができなくて、椅子に正座をしていました。そうすると、自然に前かがみになります。そこで私は、「いいですね。元山さん、コミュニケーションで前かがみの姿勢で話を聞くというのは、とてもいいことです。先生は、これから1年間、コミュニケーションを大切にしていきます。最初の日からそのような姿勢ができているのは、素晴らしいことです」というような話をすると、「どうせ、私が悪いことばかりしていたから、私の名前を知っていたんでしょ」と言っていましたが、そういうことには、「はい、はい」と生返事でスルーします。第三部の映画の中で「10割ほめる」ということを言いましたが、教師がどんな子どもたちを前にしても「10割ほめる」ことができるキャパシティーをもつことが、インクルーシブ教育につながっていくのかなと思います。美点凝視でその子のよいところを必ず見つけてほめていくことを覚悟していないと、ついつい「どうしてできないの」と口にしてしまうのかもしれません。

**是永**　そうしたことを日々積み上げているからこそ、一人ひとりに違う指導をしてくれた先生のことを、決して「ずるい」とは言わないのだと思います。子どもによって対応を変えていくということは、特別支援教育としてすごく大切ですし、合理的配慮が通常学級で位置づくかどうかの試金石になるのではないかと考えています。一人ひとりに違う指導をしようと言っても、「それは、『ずるい』と言われるからできません」と、先生方が引いてしまうのです。でも、それをしないとインクルーシブ教育にはならないのです。美点凝視でよいところを見るようにすることが大事です。教室では、先生が言及する言動が増えますので、先生が子どものよいことばかりを言っていたら、よいことが増えていきます。逆に、先生が、子どもを否定ばかりしていたら、否定したい行動が増えていくのです。「例外探し」ということもありますが、「ああ、こんなことができている」とメモをして、それに基づいて個に応じた指導をしていくことで、今劇的に増えている特別支援学級に在籍する子どもたちの数は減らすことができると思います。

## ■学力か？コミュニケーションか？

**菊池**　特別支援学級に在籍する児童・生徒の数が増えるということは、教師の敗北ではないかと私は思っているくらいです。目に見えるテストの点数を上げる方向に安易に走ってしまう現状には、本気で大丈夫かなと心配します。もちろん、学力は重要です。ただ、子どもたち一人ひとりのことをきちんと見ていたら、学力を伸ばすということは確かに大事ですが、そのことは教師だったらある意味当たり前のことではないかと思います。そのくらいの信念をもって取り組みを進めていきたいと思います。学力か？コミュニケーションか？みたいな二項対立を超えて、関係性がよくなって、居心地のよい教室で、居場所があれば、自分を出して、皆で一緒に考え合い、助け合い、教え合えるようになり、一緒に成長し合っていく。そういう環境であれば、学力が上がるのは当たり前だと思っているのです。それを信じてやっていくのが学校だし、学校の先生ではないかと思います。

**是永**　私は、北欧の教育を研究しています。スウェーデンに留学したことをきっかけに、スウェーデン、フィンランド、ノルウェー、デンマークの教育を研究しています。それらを見て分かることは、日本のように旧態依然とした一斉指導で、画一教材を用いた昔ながらの授業をしている国は、もう世界的には相当珍しい部類に入っているということです。そんな中で「学力保障を」となると、問題をたくさんこなして追い込まなくてはいけないという方向に流れ、「アポリア」と言いますが、どん詰まりの方向に行っているのです。そこを変えなくてはいけないと言っているのに気がつかない。教師が自分の実践を変えることに自信がないのではないかと思います。

**菊池**　私は福岡県で教員をしていましたが、地元の西日本新聞の1面に、北九州市の学力検査の結果が、全国平均点と比べて10ポイント下回っているという記事が出ました。北九州市内には、130の小学校がありましたが、当時私が勤めていた学校は炭鉱の跡地で、地域的に大変厳しい環境の中にありました。地域に小学校が10校ありましたが、その地域の平均点は、全国平均点より10ポイント低い北九州の中でも下位にいて、勤務校はその10校の中の下だということが分かりました。自分の担任していた学年ではありませんでしたが。私は、自分たちの学年はそんな結果にならないようにと徹底的にテスト対策をしました。本当に、徹底的にです。ただ、楽しんではいましたが。そして、その年の学力テストを自分の学年が受けました。その後、市の教育センターから私あてに電話がかかってきて、センターに来るように言われました。「また何かやっちゃったかな。あれかな、これかな」などと思いながら出かけると、所長さんは市内の全部の学校の全クラスのテスト結果を持っていて、私の学級の結果が一番だったと。「どんな指導をしたのか？」と聞くのです。そうした経験から言うと、パターンやポイントをはっきりさせて、それに絞ってテスト対策の学習をすればいいわけで、とても簡単なことだと改めて思いました。そんな経験もしたので、それから先はコミュニケーションに傾倒していきました。書けない子は、書けない環境の中で書けないという側面がいっぱいあるわけです。「みんなで頑張ろう」という空気感みたいなものをつくれば、あとはとても簡単なことだと思っています。

**是永**　教えることから学びへと転換していくということは、すごく難しいことだなと思います。ただ、教えることから学びへの転換を考えた時に、主体が全く違うことに気づきます。教える主体は教師、学ぶ主体は子どもです。その時に、子どもを信じることができないと、任せてみようと教師が手を放すことができないのです。特別支援教育でも同じですが、支援、支援と言って、手を足して足して、人を足して足して、それでも人が足りませんという足し算の状況になっていますが、支援の引き算を考えないと、子どもは伸びないのです。子どもを信じて取り組ませて、失敗したらフォローするということが教師には求められると思います。教師が導いてあげた成功体験よりも、失敗した後のフォローや、その失敗と思われる行動の価値付けこそが、今後、教師には求められるのです。子どもに学びを返す、そして、可能性を信じてあげる、教師はフォローや価値付けで関わっていくことができたら、ステージが全く変わってくると思います。

**菊池**　是永先生も、いろいろな学校、学級に行かれる中で、今お話しされたような違いは、教室に入った時の空気で大体分かるのではないかと思いますが、どうですか。

**是永**　硬くて遅い教室は、すぐ分かりますね。子どもが柔らかくて、困った時にすっと隣の子に聞くことができる。そういう柔らかい教室は、子どもたちがつながっています。雰囲気は、まるで違いますね。

**菊池**　そうですよね。何気ないその子の表情とか、声とか、身のこなしによさは表れていますね。それだけで、この子いいなと思うことがあります。教科書の持ち方でもいいです。ノートの扱い方でもいいです。そんな動作に、関わることに慣れているな、安心しているな、共に学ぼうとしているんだろうなということを感じます。表情、声、しぐさ、身のこなし、それらが出ている教室の空気感など。本当に違うなと思います。

**是永**　先生方の関わりが結構一方的であることが多いのです。「あ、早く書いたね」「いっぱい書いたね」のように、個をほめることは多いのです。あるいは、量や速さを競わせるようなほめ方も多くあります。ただ、関わりをほめるということが少ないのです。「あ、優しいね。教科書を一緒に使っていて、学びが2倍になるね」のように、いい関わりをいっぱいほめてほしいと思います。菊池先生のほめ方を見ていると、個をほめながらも、結局集団に返していることが分かります。例えば、授業の中で握手をして個をほめていますが、皆でこのよさを共有して、こういう教室は素敵だよねと、集団に返していくほめ方は、インクルーシブな教室をつくっているなと思いながら見ています。

## ■学び合う教室

**菊池**　教室には多様な子どもたちがいて、1年間かけて皆で学び合う。皆で考え、つながっていこうとする教室をつくりたいし、そんな授業をしようと思うので、Aちゃんという一人の子のよいところを学級の皆に伝えて、皆でその基準というか、在り方の約束というものを高めていきたいし、増やしていきたいと思います。結局、教師が日々の何気ないことを拾い上げ、価値付けていく声かけの中に、教育観は表れてくると思います。教室は、それの連続ではないかと思います。

**是永**　「挑む　第一部」の中で、内川くんがいろいろ質問を受け、答えていました。その時に、「ほかの皆に真似してもらいたいっていうところはどこですか?」という質問があって、「あっ、これはなかなか聞かないセリフだな」と思いました。変に個性重視の教育というものが入ったせいで、教室は、真似をしてはいけないところ、ということが伝えられているのではないかという気がします。でも、人のことをよく見て、人のよいところを真似していいんだよ。学びも真似から入っていいよ、と言うことができたら子どもも学びもすごく楽になるのではないかと思いました。

**菊池**　映画のその件《くだり》のところで、中村さんという女の子が、「成長」「私たちの成長の授業」という言葉を使ってスピーチをしていましたが、学び合っている、真似し合っていいところを取り入れている、そして、それを全体に広げようとしているから、彼女たちは、全ての教科の授業が「成長の授業」だったという捉え方をしたのかもしれないですね。

**是永**　「挑む　第一部」のエンディングの内川くんのメールにも、「僕たち」という言葉を使っていました。連帯感が維持されていると思いました。「僕」ではなく、「僕たち」という言葉がすっと出るのが素晴らしいと思いました。

**菊池**　子どもたちが、「僕が」とか「僕の」とかじゃなくて「僕たちが」「僕たちの」と何気なく使っている言葉、書いている言葉、表現している言葉－そういうものは、どの教室にもたくさんあると思います。宝物です。そこにやっぱり目を向けたいなと思います。

**是永**　佐竹さんという女の子は、「6の1のせいでネガティブになり、6の1のおかげでポジティブになった」と言っていました。例えば誰か一人が落ち込んでいる時に、落ち込ませたままにしない集団というか、あなたが高まってくれないと私たち全員が高まってい

くことができない。だから、一緒に頑張ろうという引き上げ方をしていました。皆で高まるためにあなたが必要、あなたも成長するのよという提案ができるということは、基準が相対評価ではなくて、絶対評価になっているのだと思います。ほめ言葉のシャワーを見ていても、その主人公の基準でほめています。主人公のことをよく見ているから、相対評価ではなくて絶対評価でほめ合い、成長し合っている姿が、随所に表れていました。

**菊池**　元山さんは、4年生の途中まではずいぶん叱られていたようです。ところが、4年生の途中から叱られなくなったと。どうも、先生から諦められたらしいのです。叱られなくなったから、自分は普通になったのかなと思っていたらしいのですが、本当は、見捨てられて叱られなくなったから、本人は、やはり寂しい思いをしたのです。そんな経験があって、自分がされて嫌な思いをしたから、「一人も見捨てない」という価値語がぴったりとフィットして、自分と同じ思いをしているような人に対してプラスのストロークで関わろうとしていました。一番しんどい子だったかもしれない下堂薗くんという男の子へのほめ言葉のシャワーの時には、「お母さんが病気の時には、お昼ご飯を作ってあげるような優しい人だ」という話をしていました。そこでその話を出してきたことに、私は、偉いなと思いましたし、子どもを見くびってはいけないなと思いました。

**是永**　「一人も見捨てない」ということが突き詰められれば、もうインクルーシブ教育です。みんなで学ぶ教室です。「挑む　第一部」の中にそのことが十分描かれていたことが印象的でした。子ども同士のつながり方についてですが、分かっている子が分かってない子に教える「ミニ先生」はよく行われていますが、弱さでつながるということも大事だと思っています、「ここが分からない」ということを普通に言い合える教室。「私もそういう時があったから」という弱さが転化して、強さになっている教室だと思います。

**菊池**　下堂薗くんには、仲のよい秋葉くんという友達がいました。私は、算数の時間などでは

学び合いをしていましたが、そんな時に秋葉くんは、大体すぐ下堂薗くんのところに行くのです。その秋葉くんへのほめ言葉を、曾根崎さんという女の子が喋りました。「秋葉くんは、下堂園くんに教えに行った時は、最初に『進撃の巨人』の話をします。『進撃の巨人』を下堂薗くんが好きだからです。下堂薗くんがその話に乗ってきて、しばらく経ったところで、秋葉くんは初めて算数の話をします」と話しました。秋葉くんの下堂薗くんへの関わ

り方を見た曾根崎さんが、秋葉くんへのほめ言葉を贈っているのです。子ども同士は、そういったところも考えて関わっていますし、それを見つけてほめ言葉のシャワーで言うのです。学ばせていただいたと思いますね。

**是永**　まず前提として、先生が秋葉くんとの関わりを止めてないということを子どもが見ているのだと思います。先生がその学びを見届けているから、子どもは安心感の中で、安心できる学びが保障されているのだなと思います。「挑む　第三部」の中で、ある教え子さんが言っていましたが、「一番頑張っていたのは先生だった。だから、私たちも頑張らないといけないと思った」と。子どもは、先生の言動をしっかり見ていますからね。先生が怒る基準、叱る基準、ほめる基準などは、学級の中のルールになっていきますから、最初にそれを止めなかったという在り方ができた、先生の姿が大事なのだと思います。

**菊池**　ずっと前の話ですが、授業中、日記を書く時にある女の子がマンガを描いていたんですね。それを私に見られて「あっ、やばい。怒られる」と思ったのだと思います。私は、その時、どうしたと思いますか。その漫画の続きを私が描いたのです。その子は、そのことが嬉しかったと、日記に書いていていました。

「挑む　第一部」の中に出てきた中村さんという女の子がいました。先ほども言いましたが、「成長の授業」ということを言って、立派なスピーチをしたお子さんです。彼女と村上さんという女の子が、ある日、「先生、ダンス係つくっていいですか?」と言いに来ました。「皆が楽しめるようにするんだったらいいよ」と私は返事をしました。教室の空気がまだ重い段階でしたので、ダンスをして、みんなで楽しむということは、まだまだ難しい雰囲気でした。でも1学期の間に1回ぐらいは開催したいなと思って、終業式の前日になんとかダンス発表会をしました。ただ、軌道に乗ったという感じではなく、2学期に入っても活動はうまく進みませんでした。2学期の中頃に学校近くのコンビニの駐車場にいると、向こうから歩いて来るその2人とばったり会いました。その時に私は何をしたと思いますか?目が合った瞬間、私は、彼女たちがいつも練習をしていた剛力彩芽さんのダンスをしました。いい年をして、白昼のコンビニの駐車場でダンスをしました。「係活動、続けてね。頑張ってね。期待してるよ」という気持ちを込めて。元気よく「さよなら」と挨拶をして2人は帰って行きましたが、その係活動は、その後軌道に乗り、教室の中でブレイクしました。

めざす方向に向かって、それぞれが、自分らしさを発揮していく。いろいろなきっかけを経て高め合っていく。教師がそういう教室をつくりたいと思っていなかったら、何も生まれないと思います。

**是永**　ダンスのお話をしていただきましたが、歌を歌えない学級が増えているという話も聞きます。歌を歌うような、自分を表出することが苦で、周りを気にして大きな声を出すことを恥ずかしがってしまうので、まず子どもたちの心を解放しないと、歌を歌わせることができないと中学校の音楽の先生がおっしゃっていました。

以前、菊池先生との学習会の中で、係活動のお話をされました。映画の中の子どもたちは、いろいろな形で自由に堂々と自身を表出しています。そうした力を育てる大きな要因になっている係活動について教えていただけますか。

**菊池**　教室で行われる授業の中で出される意見には、理由があります。その理由には、自分らしさが当然出てきます。どの意見を選ぶかにもその子らしさがあると思います。そうした日々の教室の中で、係活動が一番自分らしさを発揮しやすい領域ではないかと思っています。その視点で、私は、係活動を相当重視していました。常に、皆のために自分のもてる力を発揮していく。大げさに言えば「世のため人のために自分の力を使う」ということです、これは、大人も一緒ですよね。それが、人間の人間らしいところだと思います。持てる力を、世のため人のために使っていく。係活動はそれができる可能性をもっています。

決められた当番活動、あるいは小学校だったら委員会活動なども、先生の下請けから脱却して創意工夫をした活動をつくっていくことはできます。今言った係活動の視点があれば変わっていくと思います。第三部に出てきた古賀さんがいた時代の貴船小学校では、代表委員会を上級生が中心となって、「学校を自分たちで変えていこう」と工夫して様々な取り組みが進みました。学校の先生は、皆さん熱心ですから、学校のハード面のシステムをつくっていくことは得意だと思います。ソフト面は、子ども同士が自分たちのことを自分たちで健全な集団社会を形成していくということの方向が定まれば、よいサイクルが回り始め、学校が変わっていくと思います。それが、教室版では係活動です。

**是永**　菊池先生の教室に実際にあったユニークな係活動を教えてください。

**菊池**　「自己否定係」－集団の質の高さは、常に上がっていくんだから、現状に満足せず、常に自己否定をしていこうという係です。ほかには「菊池学級を究極にする会」というのもありました。

**是永**　菊池先生の映画を見た方が「私は、特別な支援をするために、ずっと特別支援学級をおすすめしてきました。それは、そうすることがその子のためになると思っていたからです。でも、菊池学級のような学級が増えていったら、それをすすめる必要がなくなるんだなって思いました。そのことに気がつきました」とおっしゃっていました。

**菊池**　「挑む　第三部」の最後でインタビューに内川くんに答えてもらいましたが、その後、内川くんのお母さんからメールをいただきました。内川くんが4年生の時、授業参観があって学校に行った際、私が担任していた6年生の教室の前を通って雰囲気が気になったのでちょっと覗いたらしいのです。ちょっと見るだけのつもりだったのに、気づいたら1時間の授業を全部見ていたとのことでした。その後、内川くんが5年生に進級した際に担任に私がなったことを知って「これで椋太は助かったと思った」というようなことをご丁寧に書いてくださっていました。

私自身が何ができるということではありませんが、先ほど支援の「引き算」のお話をされましたが、本当にそうだなと思います。全国のいろいろな学校にお伺いする中で、学校には確かに支援を必要とするお子さんがいて、補助の先生や支援員さんが配置されています。無責任には言えませんが、そうした状況はある意味、尺度になるのではないかと思います。批判を恐れずに言えば、そうしたことを必要としない状況をめざして教師力を身につけよう、と呼びかけたいのです。子どもを信じるということだと思います。それをしていかないと、どんどんどん支援の足し算をしていくという負の連鎖が続くだけだと思います。そこにメスを入れないで教育を変えようとしてもあまり意味がないことだと、最近私は、強く思っています。

## ■職員室から変えていこう

**是永**　旧態依然の考え方で、「何かをする＝人がほしい」という話になってしまっています。菊池先生がおっしゃる「硬くて遅い教室」だけではなく、「硬くて遅い職員室」も増えていて、大人の意識改革は難しいなと思うこともあります。

**菊池**　いっぱいあります。

**是永**　あの人が言うから嫌だとか、「人と意見を区別する」ということを大人ができていなければ、子どもに伝えられないし、子どもは大人のありようを分かっていると思います。

今日の上映会にご参加いただいている方の中には、管理職の方もいらっしゃいますが、私が管理職とお話をするときは、「職員室が学級だと思ってください。管理職は、職員室の担任です。

そして、そこでは特別支援教育の方法を使ってください」と言っています。こだわりが強い方に対しては、マイナスから入るよりも、美点凝視でできていることをほめるとか、関心があるものを見つけるというところからでないと、つながれませんよ」と。特別な支援の必要な子で、注意持続が苦手な子に対しては、ほめながら一緒にやって、少しずつ手を離していく仕方をしますが、職員室でも同じだと思います。美点凝視でよいところを見つけてあげることが大事かなと思います。「挑む　第二部」の中で、ある中学生の女の子が「『叱る』と『怒る』では、『怒る』の方が、相手の心がある」というようなことを言っていましたが、大人に対して指導をしたり、苦言を呈したりする時も、その人に対しての愛がある、好きだと思って話をしないと、「敵」だと見られるのかなと思いました。

私は、英語はとてもたどたどしいのに、デンマークに行った時にたくさんのインタビューをしなくてはいけないことがあって、相手にしてみたら仕事を増やしている邪魔者なのですが、その時には、「大好きです。あなたのことが大好きです。いっぱいお話を聞かせてください」というアピールから入っていかないと、すぐにインタビューを切られてしまうということを学びました。

**菊池**　私、是永先生と相当お話をしていますが、まだ1度も「大好きです」と言われたことないですね。

**是永**　あっ、本当ですか。

**菊池**　それは冗談ですが、私は、反省、反省の毎日です。この数日間、自宅の北九州に帰っていました。「挑む　第三部」の冒頭にちらかった部屋が映っていました。足の踏み場もないような、なんであそこに猫がいるのか。それは、いいんですけど、あの部屋で探し物をしていたのですが、いろいろな本が目について、「あっ、このこともう1回勉強し直さないといけないな」「ここにこういうことを書いていたんだ」と思うと、すごく焦ってきたのです。「学ぶ」ということが全てではないかと思いました。私のお師匠さんが言われた「知恵がない者は、いくら絞っても知恵は出てこないだろう」「人に会って話を聞くか、本読むしかないだろう」「やってダメだったとしても、それを繰り返すしかないだろう」という言葉が改めて蘇り、そこを考えさせられる毎日です。

今、菊池道場の学びの1つのキーワードとして「Doing」と「Being」があります。「やり方」と「在り方」と訳されると思いますが、やはり「Being」が大切ではないかということです。多くの方々に菊池道場などの学びの場にお集まりいただき、私自身が、そうした場で出会う方々に胸を打たれると言うか、学ばせていただくに値するということを強く感じています。一緒の時間を過ごさせていただくことに幸せを感じています。33年間の教師生活を経て、それから間もなく7年が経とうとしていますが、教育に限らず仕事をする上で大切にしたいことは、何をしたかということももちろん大切ですが、何をめざして進んでいるかということです。菊池道場の仲間たちは、在り方や覚悟をお互いに感じ合っているのではないかと思います。限られた命です。同じ命を使うのでしたら、本気の人たちと共に、ゴールのない学びをした方が楽しいと思っています。そんな方々に今日もこうして出会うことができたことを感謝しています。本当にありがとうございました。

《特別寄稿》

## 新作ドキュメンタリー映画『教師×人間　菊池省三　挑む第三部』製作記

映画監督　筒井　勝彦

教育実践研究家　菊池省三先生の撮影を始めて今年（2021年）で7年めになりました。2015年に『挑む　菊池省三・白熱する教室』、2017年には『ニッポンの教育　挑む第二部』

を製作しました。そして2021年に満を持して新作『教師×人間　菊池省三　挑む第三部』を皆さまにお贈りすることができました。この映画は教育改革に全てを捧げた一人の教育実践研究家　菊池省三先生の生きざまを鮮烈に描いたドキュメンタリー映画です。

思い返せば、第一部のテーマは小学校教師を退職された菊池先生の「教育を変える」という目標に立ち向かう新たな局面を描いた映画でした。

そして、第二部は、高知県いの町で始まった教育による町おこし・菊池学園の取り組みの1年間を記録した映画でした。

第三部の製作は、完成に至るまで紆余曲折の連続だったように思います。映画製作というものは、現在進行形リアルタイムの渦の中にいるとなかなか全体像が見えなくなるもので、計算違いやテーマが少しずれてくることもあります。そこがまた映画づくりの醍醐味ではあるのですが…。

この映画の当初のストーリーは、高知県いの町の小学校6年生のクラスで行われる予定だった「菊池先生のコミュニケーション科の授業」を1年間記録するというものでした。この企画はコロナ禍の影響で残念ながら中止となり、次なるストーリーは、やはりいの町で行われている教師塾菊池寺子屋を1年間ネット配信しながら最終的に映画にしようとするものでしたが、またこれも幾多の理由をもって頓挫することになりました。その後、菊池先生のお誘いもあり心機一転、先生の本拠地である北九州へと場所を変えて映画を模索することになります。

クランクインは2020年9月、ついに北九州の菊池道場を主戦場として手探り状態ではありましたが三度《みたび》カメラは回り始めました。

「元祖菊池道場とは何だったのか?」皆さんもご存知のように、現在の菊池道場北九州支部の前身であり菊池先生がまだ小学校在職中に始めた少人数の勉強会です。そのシーンは菊池道場の出発点・原点を見つめるという映画の導入部となりました。当時のメインメンバーだった田中聖吾先生や篠原肇先生のお話を伺えたのも幸運だったと思います。「学びは楽しくもあり厳しくもある」という菊池先生の言葉の通り、当時の道場のピリピリと張り詰めた雰囲気がレンズ越しにひしひしと伝わってきて、菊池実践への批判や逆風を菊池先生は鋭敏に感じ取りながら自問自答する日々であったと想像します。

伝説の貴船小学校を約10年ぶりに訪れた菊池先生、その口から自然に言葉やいろいろな思いがあふれ出す瞬間をカメラは捉えることができました。そして元教え子の鈴木（旧姓大久保）さん、古賀さんへのインタビューによる貴重な証言の数々…。

北九州から始まった撮影の旅は、菊池先生の生まれ故郷の愛媛県へと移ります。２０１９年に開催された菊池先生の還暦記念大会・菊池道場春祭りの様子。そしてご実家でひと時を過ごした菊池先生は、小学4年生の時に通った八幡浜の千丈小学校、大洲市の愛媛県立大洲高校へとヒストリーを辿る旅は続いていきました。

そして、松山市立清水小学校における飛込授業のライブ映像。そして菊池実践の真髄とも言える「授業ライブ力」の必要性をひもとく解説には新たな気づきや発見があることでしょう。

その後、映画は九州の各所をまわるセミナーの旅を追い続け、再び北九州へ。

この映画のテーマの一つが映像記録として「子どもの事実」を見つめることでした。映画のクライマックスでは、最後の菊池学級の子どもたちが登場します。18歳に成長した元教え子の内川くん、元山さんです。２人と菊池先生の対話はこの映画で最も素晴らしく感動的なシーンとなっています。

菊池先生の教育改革の夢は今も昔も必ずしも順風満帆ではありません。それでも「日本の教育を変える」という夢に邁進する菊池先生の逞しい姿には畏敬の念を抱くと共に、我々に毅然と生きる勇気のようなものを与え続けてくれる無二の存在だと考えます。

完成した今、皆さまのお力添えもあってこの映画にたくさんの貴重な映像を収めることができたという歓びと快哉を上げる思いで一杯です。ぜひ、この教育映画の決定版である『教師×人間　菊池省三　挑む第三部』を子どもに関わる全ての皆さまに観ていただければと思います。

なお、前2作については、中村堂から刊行された「教師 菊池省三 Special Edition 映画『挑む』オフィシャルブック」（２０２１年）のＤＶＤを是非ご覧ください。第三部の理解や感動が、より深まるものと思います。

# 第7章

# 教え子たちとの対話

１９８２年度（昭和57年度）から２０１４年度（平成26年度）までの33年間の中で、約１０００人の子どもたちと出会い、共に学んできました。初めて担任をした子どもたちは、当時10歳でしたから、現在50歳になりました。最後に担任した子どもたちも、現在19歳になりました。そうした子どもたち一人ひとりのことは、様々なエピソードと共に本当によく覚えています。

一人ひとりに「ありがとう」との感謝の気持ちでいっぱいです。

私を育てていただいた分、これからも私自身頑張っていこうと決意しています。

事実で示すということを、子どもたちへの恩返しのつもりでさらに進んでいきます。

いくつかの機会で、教え子の皆さんと再会することができました。記録に残っているものの中からいくつかを選んで、その時の対話をふり返ってみたいと思います。

## ■2017年9月30日開催　北九州映画祭

### 1．杉森孝介くん（2014年度卒業）から、古賀優実さん（2010年度卒業）への質問

**杉森**　僕たちは、菊池先生の授業を小学校6年生の時に受けてきましたが、その時と、古賀さんの時の菊池先生の授業は、何が違いましたか。菊池先生の成長がありますか。

**古賀**　違いは、いろいろな新たな取り組みが増えていたことです。朝の質問タイムとかは、私たちの時にはなくて、こういうのをやっているんだって、すごい勉強になったというか、感銘を受けました。

　ほかには、特に変わったというよりも、ほめ言葉のシャワーや授業の内容とかも、さらにすごい質の高いものになっているなというのをすごく感じました。それは多分、菊池先生自身が成長されていたという理由もあるし、クラスにいる人たちが、真剣に取

り組んでいるんだなっていうことがすごく伝わってきました。私も6年前のことになりますが、私たちの時もこういうふうに周りの人たちから見えていたのかな、ということはすごく感じました。

## 2. 杉森孝介くんのスピーチ

今の話と、映画の第一部と第二部のことを踏まえて感想を3つ言います。

1つめは、菊池先生は、子どもたちのことを成長させながら、ご自分も成長しているところが格好いいと思いました。

2つめは、今の中学校では、休み時間に友達と集まって話していることは、マイナスのことというか、文句とか、愚痴とかを話すことでまとまっている、つながっているみたいな部分があるので、それをプラスにと言うか、ほめ合えるような関係になりたいと思いました。

3つめは、第一部を見て、小学校の時は、自分と意見が違う人たちとも熱く自然に会話ができていたけど、今は、意見が合う人としか話していないので、自分も成長しないといけないなと思いました。

## 3．佐竹穂香さん（2014年度卒業）のスピーチ

私がこの場に来て、思ったことを3つ言いたいと思います。

1つめは、人間って成長し続けるんだなと思いました。私自身も6年1組の時に「成長できた」って言ったんですけど、今でもそれは続いていて、もっと積極的になりました。菊池先生自身も、こうやって講演会とか子どもたちに指導するために、もっともっと成長しているんだなと思いました。

2つめは、「菊池先生って、やっぱりすごいな」と思いました。全国から必要とされているというところが一番すごいんですけど、全国に行った先々で、生徒であったり、先生方であったり、そういう一人ひとりに何かもって帰らせたり、ほめたりとか、そういうことをできるところは、やっぱり尊敬するところだなと思いました。

3つめは、ちょっと言い方は悪いんですけど、失礼ですけど、菊池先生は、小学校の教師をやめてよかったなと思いました。ちゃんと理由があります。理由は、小学校の先生を続けていたら、その自分の教室でしか先生の魅力を発揮できないと思うんですよ。それを、今、いろいろなところで活動されていて、（菊池）先生の指導を受け入れる人が増えて、もっと一人ひとりが個性を発揮できるような環境づくりができていると思います。（たくさんの人たちを）支えられているので、菊池先生は、先生をやめてよかったなと思いました。それと、やはり、自

分は、菊池学級の一員で本当によかったなと思いました。

## ■2020年9月26日開催　菊池道場北九州セミナー

### ●大久保晴世さん（現在は、鈴木晴世さん。1991年度卒業）との対話

**大久保**　こんにちは。鈴木晴世と申します。旧姓、大久保です。ちょうど30年前、小学校3年生の時と4年生の時の2年間、到津小学校で菊池先生のクラスでした。今は結婚して、小倉駅の近くの内科で働いています、5歳になる息子がいます。

**菊池**　大久保さんのいたクラスは、とても優秀でした。ある時、漢字ドリルに「にわとりのたまご」という問題がありました。「たまご」を漢字で書くという問題です。でも、誰かが「にわとり」を漢字で書いてきたのです。そのことをクラスで紹介すると、次から多くの子が「にわとり」を漢字で書いてくる、というようなクラスでした。

菊池道場機関誌「白熱する教室　第22号」に大久保さんにも書いていただいていますが、と

ても文章が締まっています。第22号の76ページです。ここに、大久保さんが4年1組の時の「言葉ノート」、今で言う「成長ノート」があります。4月12日月曜日、「『覚えたい言葉』と『使いたい言葉』」が、20番まで書いてあります。学級で覚えたい言葉、使いたい言葉ということだと思います。今朝、改めてこれを見たときに、私は「どきっ」としました。何と書いていたかと、その理由を話してもらいましょう。

**大久保**　「みんな」です。「理由は、仲良くなれば、たくさん使えると思ったからです」と書いています。

**菊池**　素晴らしいですね。今、SNSでも学級のノートがよく投稿されています。とてもよいことだと思います。ただ、大久保さんたちのノートは、文字が違います。「文字は人なり」とよく言っていました。「白熱する教室　第22号」の中でも、その言葉について書かれていますが、言葉についての今の思いを語っていただけますか。

**大久保**　今、ふり返ると、言葉の大切さとか、美しさとか、もつ力というのを、菊池先生から教えていただいたなとすごく感じます。今日のセミナーで、いろいろな先生方のお話を聞いていても、皆さんのおっしゃる言葉の重みとかその背景にあるものを考えながら話を聞けたなと思うのは、菊池先生から教育を受けた2年間があったからだなと思います。息子に対してお話しする時でも、美しい言葉や、意味のあるきちんとした言葉でしゃべらないといけないという責任を感じています。それも、全て菊池先生の授業のおかげだと、今思っています。

当時は、とにかく一生懸命でした。スピーチの授業も、ディベートの授業も、宿題で書くノートも。とにかく、一生懸命、全力でした。先生にほめられたいとか、先生に評価されたいという欲求もきっとあったと思いますが、とにかく一生懸命全力で頑張った気がします。でも、私はすごく楽しかったです。なぜなら、菊池先生が一番頑張っていたと、子どもの心ながらに感じていたからです。先生は、私たちが書いたノートを、絶対に、一言一句見逃さずに読んでくださると信じていました。先生ご自身も、当時も、新しいことにチャレンジされ続けていました。

一番忘れられないのは、連合音楽会の時のことです。音楽の授業で、菊池先生はオルガンが弾けないので「大久保さん、オルガンを弾いて」と言われて、私はよくオルガンを弾いていました。「春の小川」とか、教科書に載っている歌をみんなで歌うためにその場で指名されてよく弾いていました。そんなことがあって、「菊池先生は、音楽は疎いんだな」と思っていました。4年生の時、連合音楽会に学年で出ることになりました、その時は菊池先生のほかに女性の先生2人、合わせて3人の担任の先生がいました。みんなは、私もそうですが、「女の先生のどちらかが指揮をされるんだろうな」と思っていました。そうしたら、なんと菊池先生が「私がチャレンジすることにしました」とおっしゃったのです。その時私は、「菊池先生って、すごいな」って思いました。そういう先生のチャレンジされる姿は、子どもにも十分伝わってきました。

## ■ドキュメンタリー映画「人間×教師　菊池省三　挑む　第三部」

最後の菊池学級の教え子との対話

2020年5月インタビュー（当時共に18歳）

内川椋太くん（2014年度卒業）

元山美莉亜さん（2014年度卒業）

**菊池**　全国の多くの人が、その後の内川くんと元山さんのことを知りたがっているだろうなと

思います。ざっくばらんにいろいろ話してもらえたらと思いますが。「菊池学級」って、一言で言ったら何だったと思っていますか。これも一人ひとり違っていいことですね。

**内川**　僕は、面白いこととか、楽しいことがめちゃ好きで、それはみんなそうだと思うんですけど。面白くないこと、つまらないことはほんとに嫌いで。小学校の頃は、特にそれは顕著に出てくると思います。勉強は嫌いだし、叱られるのも嫌いだし。学校でじっとするのも嫌いで、とにかく楽しいこと、面白いことに対して能動的に動いてきた人間でした。邪魔になっていると思われたりもしたことはあったと思いますが、菊池学級は、それを認めてくれて、ここがよかったと口に出して言葉にして言ってくれて、逆に、どこが悪かったとか、違っていたのかということを明確に、それも口で、言葉ではっきり言ってくれました。自分が楽しいことが好きだとか、こういう人間なんだっていうのを、菊池学級でずっと学んできて、いろいろ理解ができて、そういう意味でその自分自身のことを知ることができて、自分を認めてくれる場所でした。自分の基礎になっていると思っています。

**菊池**　ありがとうございます。

**元山**　4年生までは、変なプライドがあって、「元山美莉亜といったらこれだ」というのが、自分の中で固定概念があったので、悪いと心の中で分かりながらも、やめられないでいました。悪いことをしたり、人と喧嘩をしたりするということを。小学5年生になって、菊池先生が「教室は家族だ」という言葉を教えてくれて、それを聞いた時に、小学5年生とか、小学6年生の時の自分たちのことを思い出したら、もう涙が出そうになるぐらい熱くなることがあって、本当にそれだけ一生懸命、自分を出し切っていたと思うし、本当にみんなと家族のように接していたと思います。だから、誰とも壁をつくらないで接することができるような学級づくり、菊池学級みたいな学級がもっともっと広まってくれたらいいなと、本当に思います。本当に大切な思い出になった2年間でした。

**内川**　みんな、それぞれ不安に思っていると思うんですよ。その不安は、大きかったり、小さかったり、いろいろあると思うんですけど。そこで、生き物としての本能なのか分かんないですけど、多数派になった方が安心はできるけれど、自分を隠したまま人と触れ合っても面白くないし、それでは、僕とあまり接しているっていうことにはならないかなと思ったので、関係を築きにいくというよりも、自分を出して築けた関係を大切にしようと思って、中高は暮らしてましたね。

**菊池**　「僕とあまり接しているっていうことにはならない」っていうのは、すごいですね。大体、小学1年生だと「みんななかよし」なんていう学級目標があって、小学校の1年生はまだいいかもしれないけど。学年がずっと上がっても誰とでも仲良くというのは、そもそも不可能なことです。「友だち幻想」(菅野仁、ちくまプリマー新書)というベストセラーになっている本がありますが、特に中学生ぐらいになったら、今だったら小学校高学年もそうだと思いますが、仲良くしようにもどう考えても合わない子がいるというのは普通です。必要最小限の挨拶とか、必要な活動の時の会話はするけれど、それ以上仲良くする必要はないというのは、普通のことだと思います。

**内川**　中学校2年生の後半に、いろいろなことに疑問をもち始めて、なんか僕が思ってる学校と、現実の学校っていうのが、何か意味合いが違うなと思いました。もっと、自分を伸ばしたりとか、相手をよく知って、それでまた自分が伸びたりだとか、相手も伸びて、楽しいこともあって、一つ一つの時間が有意義だというのが、学校があるべき姿というか、そうあってほしいと僕は思いました。でも、違うなと思い始めました。

**菊池**　今、内川くんが言ったようなことが当たり前になるようにしようと、私は強く思っていました。それは、あなたたちと過ごした5、6年生の頃の事実があるので、当然、中学校、高校では迷い道の中に入るだろうけれど、大丈夫だろうと思っていました。あの5、6年生の時に見せてくれた、それらのことは、ずっと変わらないシーンの1つになるだろうという思いでした。そこを大事にした学校教育をつくっていこうじゃないか、と思っていたのです。

**元山**　小学4年生までは、お母さんから「最近、学校どう」と聞かれても、あまり答えたくなかったし、「私は、学校ではいい子だよ」みたいな嘘をついていました。小学5、6年生の時は、質問されなくても、自信をもって自分から「今日は、私が日めくりカレンダーの日だから」みたいなことを、言っていました。「こういう質問されて、どういうことでほめられて」とか、たくさん話していたんですよね。そうやって、自分を誇れるような生活ができていることにも幸せを感じていたんです。小学校の高学年の時に。中学校とか高校の時は、人に注意をできる立場というか、できる環境ではなかったですが、流されないということと、誰にも話せないような生活を送らないようにと、自分は自分だという芯をもって、高校までの6年間、行動していました。

**菊池**　内川くんは、ドラマーをめざしているんですよね。

**元山**　すごいですよね。

**菊池**　ドラムを専門に学ぶコースに入ったわけでしょ。

**内川**　はい。専門学校に入りました。自分は、その学校を卒業した後は、いろいろな国に行こうと思っています。イギリスに行ったり、アメリカに行ったり、アフリカに行ったり。いろいろな世界、いろいろな国を見て回って、どんな人がいるんだろうとか、どんな暮らしをしているんだろうとか、どんな考えをもっていて、何が起こっているんだろうか。そういうものを見たいし、それを見て学んで、自分がどうなるんだろうということも見てみたいなと思っています。

**菊池** 元山さんは、どういうコースに行ってるか知ってる？何か、当ててみて。

**内川** 看護師系とかに行ってそう。

**菊池** あっ、かすってますね。当時から考えて想像できないことを言った方が正解に近づくかもしれない。歯科衛生士だそうです。それは、どんな理由があるの？お母さんやお家の人は、相当喜ばれたんじゃないですか。

**元山** 喜んでましたね。医療関係だというので、喜んでいました。私は、部活動もしていなかったし、特に自慢できるような頑張ったことがないんですよね。だから、国家資格をもっていたら、間違いないっていう言い方は悪いですけど、まあいいじゃないですか。だから、そういう道を選んでくれて嬉しいと言ってました。

**菊池**　そうですね。では、いくつぐらいで結婚したい？

**元山**　26かな。

**菊池**　なるほど。こういう質問には、即答ですからね。即興力が生きていますね。結婚なんかもひっくるめて、こういう人生を送りたいなというのはありますか。

**元山**　せっかく3年間かけて国家資格を取ったので、経験を積まないのはもったいないなと思うので、21歳から5年間ぐらいは働いて、結婚はできるかどうか分かりませんが、それから結婚するという生活を送りたいと思っています。でも、歯科衛生士という職業だけで終わりたくないという欲もあります。国家資格は、もっていればまた何かあっても仕事に復帰できるので、ライフプランを立てやすいのではないかということを考えて決めました。今回、歯科衛生士という職業を選びましたが、結婚してからでも遅くないと思うので、何かに挑戦したいなとは思っています。まだ、その何かは決まってないですが、これからの人生を送っていく上で、なんかしたいなと思うことがあったら、チャレンジし続けるような、そんな人になりたいですね。

**菊池**　さすがですね。全国を震撼させた菊池学級の両巨頭でございますから、今の子どもたちに対して、メッセージみたいなものをお願いします。

**内川**　今、生きづらいな、寂しいな、誰も分かってくれないで怒られてばっかりだな、と思っている小さい頃の僕みたいな状況の子が、やっぱり先生に怒られているわけです。「これは、ダメ」とか、「ああしなさい、こうしなさい」というのは、例えば、誰々先生から「じっとしていなさい」とか、「静かにしなさい。ちゃんと席に座りなさい」「元の教室に戻りなさい」っていうのは、僕のために言ってくれているというのは、あまり正しくなくて、どちらかと言うと、教室の調和のためというか、教室が崩れないように、事故らないように安全運転するために、小石をどかしているような行為だから、なんでそういうことをこの人たちは言ってきて、なぜ自分は今こういうことをしているんだろうというのを、自分の心で1回深く考えてみると、いいかもしれないと思います。僕と同じような理由で叱られている人は、面白いことが大好きだと思うんですよね。それを制限されちゃうっていうのは、すごく苦しいことだと思うし、僕もすごい苦しかったから、その楽しいことをしたいっていう気持ちを本当に捨てないでほしいと思います。どれだけ言われても、それだけは捨てないでほしいと思います。

**元山**　自分の考え方を全員に分かってもらおうとするのは、難しいことじゃないですか。十人十色という四字熟語があるように。だから私は、自分がまず変わろうとすれば周りに分かってもらえるんじゃないかなと小学5年生の時に思ったので、最初は、「美莉亜、なんであんなふうになったの」と、周りに笑われることがあったし、自分が変わろうとした時にそれは傷ついたし、恥ずかしいし、もうやめようかな、もう元に戻ろうかな、小学4年生の時に戻ろうかなと思うことは何回もありました。でも、頑張り続けたらいつか分かってもらえると思うし、全員と違う環境の中で自分が生きていくことは、中学校になっても、高校になっても、社会に出てもみんな違う中で生きていくわけじゃないですか。だから、負けそうになって、くじけそうになることもあると思うけど、いつか分かってもらえると思わないといけないし、これから先そういう場面に出くわすことは何回もあるんだよと、心の中で言い聞かせながら、今は乗り越えていくことが絶対にいい人になれると思うので、本当に負けないで頑張ってほしいなと思います。私も今、自分のことを誇りに思えるっていうか、小学校時代をふり返った時に、絶対に私たちのクラスは本当にいい学級だったと思えるので、そういう人がどんどん増えていってほしいなと思います。自分に自信をもてる人が増えてくれたらいいなって、本当に思います。

## ■教え子たちとの対話を通して

大久保さんは、「とにかく、一生懸命、全力でした」と語り、元山さんは、「一生懸命、自分を出し切っていた」と語ってくれました。人間が人間として一生懸命生きられる社会を教育の力で私はつくりたいと思ってきました。その意味で、2人が違う場所で、違う時期に、同じ「一生懸命」という言葉を遣ってふり返ってくれたことは、時間を共に過ごさせていただいた私にとっては、最高のほめ言葉です。

そして、最後の菊池学級で大きく成長した内川くんと元山さんの2人が、6年の時間を経て、当時の菊池学級のことを色褪せることなく覚えてくれていたこと、そして、それを未来の糧として今を生きていることに感動しました。感謝の気持ちでいっぱいです。

第8章

# 「菊池学級」を証言する

２０１９年7月27日、東京都北区の滝野川会館で開催された第7回菊池道場全国大会では、「『菊池学級』を証言する」と題したパネルディスカッションを行いました。

私が、２０１０年度に担任した北九州市立貴船小学校6年1組を取材していただいた新聞記者と教育雑誌記者、そして、クラスに在籍していた教え子に「証言」してもらうという、かつてない企画でした。

それぞれの方が、当時の教室を鮮明に覚えていてくださり、大変な状況の中、一日一日を大切にしながら教室で子どもたちと共に学んだことが鮮やかに甦りました。

同時に、自身の語ったことを改めて読み返してみると、「成長の見通し」を絶えず意識していたということを感じました。

異なる立場の方々からの「証言」を、一つの事実としてお読みいただけたらと思います。

**【進行】**

菊池省三

**【パネリスト】**

広中正則さん（読売新聞東京本社教育部デスク）

横山英行さん（小学館元編集長）

古賀優実さん（北九州市立貴船小学校2010年度卒業）

## ■2010年度の「菊池学級」を証言する

**菊池**　私は現在、いろいろな学校にお伺いさせていただいています。私が呼ばれる学校は、正直、落ち着いた学校、教室ではないことの方が多いと思います。しかしながら、4年半が経って確信したことがあります。大変だったということにおいて、貴船小学校を超えるような学校、学級はありません。これだけは、はっきり言えます。そんな貴船小学校で2010年度に担任させていただいた26人の子どもたちの一人である古賀優実さんに今日は福岡から来てもらいました。古賀さん、自己紹介をお願いします。

**古賀**　古賀優実です。福岡市内の大学に通っていて、現在3年生です。菊池先生には、6年生の時に担任をしていただきました。前の年に学級が崩壊していましたので、菊池先生にはいろいろ迷惑をおかけしました。菊池先生は1年間を通して私たちを大変身させてくださいました。

それが今でも自分の大きな支えになっています。貴船小学校で体験したこと、自分の成長に関することを少しでも皆さんにご紹介できたらいいなと思って東京に来ました。多くの人が集まった菊池道場全国大会の場ということで緊張していますが、よろしくお願いします。

**菊池**　私の大好きな写真を紹介します。後ろにおられるのが横山英行さんです。2010年度の私の教室の様子で、古賀さんのいたクラスです。私が「対話をしましょう」と言ったときに、後ろで横山さんが聞いているのを分かっていながら、「どうぞ聞いてください」という気持ちで、2人は対話をしながらここに立っています。自分たちの学びに対する自信が感じられる写真です。横山さん、自己紹介をお願いします。

**横山**　横山英行です。すでに退職しましたが、小学館で、「小5教育技術」「小6教育技術」「総合教育技術」「中学教育技術」などの編集をしました。菊池先生とは、貴船小学校時代に出会いました。退職する直前に「菊池省三の『話し合い』指導術」という本を出させていただきました。今は「術」とは言わないで、話し合い指導「観」と言うのでしょうか？私は、菊池先生の教室に伺う前に、名人と言われる先生方の授業をたくさん見てきましたが、菊池学級では、それまでに見たことのない子どもたちによる見事な話し合い活動が行われていて、とても驚きました。薩摩藩に「郷中教育《ごじゅう》」と呼ばれる教育法がありました。お兄さん役がいて、弟役の面倒をみます。兄弟のような関係による教育でした。徹底的に話し合いをして、物事を教えていきます。言葉で後輩を鍛え、後輩は必死に先輩についていく―そうした教育が幕末のエネルギーをつくっていったと言われていますが、そうした迫力を菊池学級に感じました。

**菊池**　ありがとうございます。続いて、読売新聞の広中正則さんです。広中さんも、この年の私の学級を取材していただきました。言葉というものを仕事にされている広中さんに、そこにこだわって授業を見ていただき、子どもたちと接していただきました。

**広中**　読売新聞の広中正則です。現在、東京本社教育部のデスクをやっています。2010年

11月から2012年11月まで西部本社で教育担当でした。2011年度から新しい学習指導要領が実施されましたが、その中に「新聞活用」が織り込まれましたので、具体的な実践方法を菊池先生に見せていただきたいとお願いしたのがお付き合いの始まりです。その過程で、「ほめ言葉のシャワー」を取材したり、菊池道場の学びの場にお伺いしたりしました。菊池学級では一人ひとりの言葉を大切にする指導がなされていました。教室の子どもたちの机の上には辞書が置かれていて、日常的に分からない言葉はすぐに調べていました。子どもたちが四字熟語、例えば「電光石火」のような言葉を織り込みながら、「ほめ言葉のシャワー」をしていた様子をよく覚えています。

## ■本当の笑顔があふれる菊池学級

**菊池**　菊池学級を一言で言ったらどんな感じでしたか、古賀さん。

**古賀**　本当の笑顔があふれる学級でした。

**菊池**　学級がスタートして、本当の笑顔が生まれてきたなと感じたのは、何月くらいからですか？

**古賀**　2学期あたりでした。少しずつ心を開き始めたというか。それまで、自分の殻に閉じこもっていたり、自分を偽っていたりした人が多かったと思いますが、2学期に入ってから徐々に本当の自分を見つけて、それを表に出せるようになってきたかなと感じました。

**菊池**　そうなるまでにいろいろなことをしたと思いますが、古賀さんは、そうなった一番の要因は何だったと思いますか？

**古賀**　授業の中の対話もそうですが、一番は「ほめ言葉のシャワー」が大きいかなと感じました。

**菊池**　「動画で見る菊池学級の子どもたち」（中村堂）のDVD

の最後に収録されている古賀さんの「ほめ言葉のシャワー」のお礼のスピーチの中で、「ほめ言葉のシャワー」について語ったことを言ってみてください。

**古賀**　「心を開ける鍵」だと言いました。

**菊池**　横山さん、菊池学級をご覧になられた感想を一言で言っていただけますか。

**横山**　私は、子どもたちが一生涯生きていける太陽電池をもらったんだという感じがします。処世術ではなくて、「このことが分かっていれば一生の間自分はやっていける」という意味で、言葉の力を含めた太陽電池をもらったという感じです。

**菊池**　広中さんには何年かにわたって来ていただきましたが、この年度に限らず菊池学級をご覧になられていかがだったでしょうか。

**広中**　多様性が認められている学級だと思いました。「ほめ言葉のシャワー」に凝縮されていますが、子どもたち一人ひとりに居場所があり、お互いを認め合う関係性があると感じていました。私はカメラマンと2人で取材をしましたが、カメラマンは涙ぐむくらい感激していました。

**菊池**　古賀さんは、私が担任になった4月の最初の時にどんなことを思っていましたか。

**古賀**　菊池先生は、それまで5年、6年と持ち上がりで担任されることが多かったので、その年は5年生を担任されると誰もが思っていました。始業式の担任発表で菊池先生が私たち6年生の担任だと発表されたときは意外な気がしました。菊池先生がそれまで先輩方をすごく成長させてきたのを見ていましたから、これからおそろしい生活が始まるのではないかと思い、私たちはどうなるんだろうと不安に駆られる一方で、私は自分たちのクラスを変えたいと思っていましたので、菊池先生が担任してくださるということは、私にとっては希望でした。

**菊池**　これまでにも、いろいろなところで書いたり話したりしていますが、始業式の後、新しい教室にそのまま行かせないで、「(体育館の床に描かれた)バスケットボールのサークルの中に入りなさい」と子どもたちに言いました。でも、26人の子どもたちは、だらだらしてなかなか円の中に入らないのです。やっと、みんなが入った後で、「これまでのことはもう聞きません。

掃除をしない、朝の始業時間に教室にいない、というようなことはもう問わないので、『全部リセットして、頑張ろう』と思う人は立ちなさい」と言いました。その様子を、校長先生も教頭先生も遠巻きに見ていました。「菊池がどう出るか。6年生がどう対応するか」という気持ちだったのでしょう。全員立ちました。後で、教頭先生に聞かれました。「菊池先生、もし立たなかったらどうしようと思っていたの」と。私は、「絶対立つと思っていました」と答えました。実際、そう思っていました。「立たない子がいる」とは、少しも思っていませんでした。

**古賀**　「変わりたい子だけ教室に戻りなさい」と言われた記憶があります。みんな周りを見つつ、菊池先生の指示に従うというか、そうするしかないのかなと思いました。教室に戻りながら、友達と「これからどうなるんだろうね」と話をしました。

**菊池**　私にとっては、隙を見せたらやられるという思いをもった「たたかい」でした。その後、教室に入って、私の第一声は、「Aさん、誕生日おめでとう」です。そのAさんは、26人の子どもたちの中の、あまりよい意味ではないトップでした。始業式は、4月7日。Aさんも私も、4月7日が誕生日です。そこで、「先生も今日が誕生日です。フランシスコ・ザビエルも、ジャッキー・チェンも誕生日です」と言って、トップの子の気持ちをつかんで、こちらに引き付けようとしました。「負けない」という気持ちを私自身が強くもって、4月の第一声からスタートしました。古賀さんは、前年に仲のよい友達とちょっとしたことがきっかけで仲違いをしていましたね。その2人が同じ委員会に入って、2人とも委員長に立候補しました。結果、友達が委員長になって、古賀さんが次点でした。私は、そのいきさつを知っていましたので、「これを機に、みんなで仲良くやっていこうね」と言って、握手を促しました。委員会が終わって古賀さんの方を見ると、涙を流していました。「どうしたの」と聞くと、「大丈夫です。でも以前のことを少し思い出したから」と答えました。古賀さん自身も、葛藤の中にいたのだと思います。自分自身の友達関係が変わっていったのも、2学期くらいですか。

**古賀**　そうですね。相手を認めるとか、自分の意見を言うということ自体が難しいところから始まりましたが、1学期の中で、それらがとても大切なことだと学び、「相手にもこういうよいところがある。自分はこういう非があった。でも自分の意見も相手がちゃんと認めてくれている」ということに気づいて、そこから、「過去のこともあるけれど、これからはお互いのことをきちんと認め合って、一緒にクラスを盛り上げていこう、頑張っていこう」という気持ちに変わっていきました。

## ■言葉で人間を育てる

**菊池**　「ほめ言葉のシャワー」もそうですが、「価値語」が大きかったのではないかと思います。ものの考え方とか対応、望ましいことを言葉としてみんなで植林し合いました。言葉について、古賀さんはどう思いましたか？

**古賀**　「言葉にしないと分からないことがある」ということを強く思いました。それまでは、自分の気持ちを言葉にして伝えることもできなかったし、自分の気持ちを伝えるための言葉も

知識としてもっていなかったと思います。菊池先生から学ぶ中で、否定的な言葉ではなくて、相手を肯定する言葉、温かい言葉が教室にあふれていきました。

**横山**　菊池先生は、「価値語」も「ほめ言葉のシャワー」も、教師の技として、あるいは術として教えているのではないと思いました。また、一つ一つのことへのネーミングが非常にしゃれていると思います。「ほめ言葉のシャワー」は典型的で、名コピーです。教室では、黒板の上に子どもたちの自画像を貼り出していて、つまりアイコンがあって、コピーがある教室だと感じました。編集の仕事で言えば、写真やイラストがあって、その下にキャッチコピーや考えがついているのと同じです。「価値語」という言葉は、さらに哲学的なところまで含んでいると思います。菊池先生は、バックボーンとなるきちんとしたシナリオをもっていましたから、違う方向にそれていったとしても、子どもたちに話し合いの中で修正させながらめざす方向にもっていく。子どもたちが実感できる言葉を大切にしながら、話し合いの指導をされていたと思います。

**菊池**　6年生になるまでに行われるはずの学習がされていないという実態でしたから、どうも言葉の使い方を間違えているなと思う場面も少なくなかったのですが、私は成長の過程だと思って、誤りを指摘するということはしませんでした。「ほめて、認めて、励まして」あげながら、その後の成長を期待していました。広中さんは、菊池学級の言葉についての感想は何かございましたか？

**広中**　菊池学級では、言葉に対しての柔軟性を感じました。新聞の社説の本文を読んで見出しを考えるという授業がありました。45分の授業の中でそれぞれの意見がどんどん変わっていくんですね。いろいろな意見をそれぞれが出して、違う意見、同じ意見の人と話したり、意見についての根拠を出し合ったりしながら、話し合いを進めていました。私が教室に取材に行った3学期の段階では、言葉になじんでいるというか、言葉に対する親和性をもっていて、もっと知りたい、もっと読みたいという、学びへの強い気持ちが出ているのを感じました。

**菊池**　今日の大会でこの企画をすることになって、私自身の33年間の教員人生をふり返ってみました。歴代菊池学級のベスト3は、教師になって7年めと8年めに5、6年生と2年間持ち上がった学級、「コミュニケーション大事典」をつくった時の5、6年生、そして、古賀さんたちの6年生。この学級がベスト3だろうと考えました。その時の空気感や学びに向かう柔軟性が圧倒的でした。教科書の教材をもとにした話し合いももちろん大事ですが、その先の話し合いまで貪欲にやってくれた学級だったと思っています。古賀さんたちの年の1学期にディベートを行いました。みんなは、一生懸命頑張ってくれました。ただ、言葉と心がまだ不十分なときにディベートをしましたので、結果的に険悪な雰囲気になってしまい、私の方で止めました。夏休みの時間のある時に、私はすごく反省して、2学期はどうしようかと考えました。子どもたちは頑張ったけれど、ディベートの負の部分が出過ぎてしまい、子どもたちを混乱させることになってしまったなと。そんな時に、日本教育再興連盟の鈴木寛さんがご提案されていた「熟議」に出合いました。

## ■「熟議」に取り組む

**菊池**　熟議をする目的も、集団をつくるということでは「ディベート」と同じだと私は思っていますが、意見の出し方というか、議論の仕方が違います。熟議に対しては、古賀さんたちは抵抗なくすうっと入っていって、対話が広がっていったように感じられました。実際にディベートと熟議をした古賀さんは、どのように感じていましたか？

**古賀**　それまでは、自分の意見を発表するということができなかったのですが、ディベートを通して、自分の意見を言えるようになりました。ただ、自分たちの意見を相手にぶつけるだけというか、お互いに意見をぶつけ合っていただけだったという印象があります。熟議の場合は、最終的にみんなでよりよい案を出すということが一番大きな目的ですから、それに向かってみんなが意見を出し合い、反対意見も認め合います。自分の意見と友達の意見を絡めながら、どのようにしてよい案にしていくかをみんなで一緒に考えました。集団の中に自分が一員としていること、その中で頑張っているということを実感できました。

**菊池**　貴船小学校に文部科学省の方々が2回視察に来られました。8名もの方が地方の公立小学校の教室に2度来られたのです。その時に、横山さんにも学校に来ていただきました。私は、地元の教育委員会から突然呼び出されて「卒業式の直前に何をしているんだ」みたいなことを言われるなど、舞台裏ではすったもんだがありましたが…。

**横山**　たまたま私の高校時代の友人に文部科学省に勤めていた人がいまして、菊池先生のことをいろいろ話して宣伝しましたところ、省として大挙して視察にいこうということになりました。調査官など、いろいろな人が一緒に訪問されました。私が貴船小学校に着きましたら、文部科学省の人たちは、校長室や控室に案内されていましたが、私は理科室か音楽室だったかと思いますが、一人で寂しく待っていたのを覚えています（笑）。

**菊池**　学校の近くに日産自動車の工場がありまして、そこに私の知り合いだった専務さんがいらっしゃいました。文部科学省から視察に来ることを伝えると、「それは素晴らしいじゃないか」ということで、北九州市長に手紙を書いてくださいまして、そこから教育委員会に話が伝わったようです。

**横山**　熟議についてですが、大きな紙の上部の中央にテーマが書かれていて、様々な意見を書き込んだカードを貼っていくわけですが、子どもたち自身にとっての見通しとなり、シナリオにもなり、手引きにもなります。いろいろな意味でビジュアル化するというか、見える化する作業を皆で進めますので、話し合う上で論理、筋道といったことが明晰になるという特徴があると思います。ですから小学校の時代にこうした議論をするということは、とても意義があると思います。熟議は、議論を助ける一つの技としてとてもよいのではないかと思います。精神がまだ幼い段階では、どうしても否定を面白がるというところに意識が向いてしまいますが、ある程度精神が熟してくると肯定できるようになり、最終的には「正－反－合」で実りと言いますか、落としどころを求める段階に進みます。こうしたところに熟議の価値があると考えています。

**菊池**　そうですね。私は、ディベートをやった経験があったので、いろいろな視点で考えることができ、熟議が深まったと思っています。ただ「相手を否定しないで、賛成、賛成でよい意見をかけ合わせましょう」と言ったとしても、あまり実りある議論にはなりませんでした。ディベートをした上で熟議をしたので、素晴らしい熟考が繰り返されていったのではないかと思います。広中さんに取材していただいた授業は、対話的な学びや活動を取り入れたものだったと思いますが、どんな感想をおもちでしょうか?

**広中**　今回のために過去の取材ノートを見直しました。菊池先生がおっしゃっていた言葉として「ディベートでは相手の意見を否定したり、相手に反論したりするけれど、めざしているのはそういうことではない」とありました。また、「熟議は、相手を尊重しながら論理的な思考力を鍛える」ともおっしゃっていました。さらに、「相手を否定するのではなくて、相手の意見を認めた上でどう考えるか、相手の立場を分かった上でどう考えるか、という関係性があって熟議も対話も初めて成り立つ」「こういう関係性ができているクラスだからこそ、議論ができる」ともメモにありました。こうした菊池先生の言葉がとても印象的でした。横山さんも先ほどおっしゃっていましたが、自分の意見を貼り出して「見える化」することを通して、自分が意見を出して議論に参加していることが実感できるわけですね。菊池先生が、「一人ひとりのやる気だったり、参加意識だったり、集団の中での自分の位置づけだったり、そういうものが分かるんだ」とおっしゃっていたのを思い出しました。

■書くことに取り組む

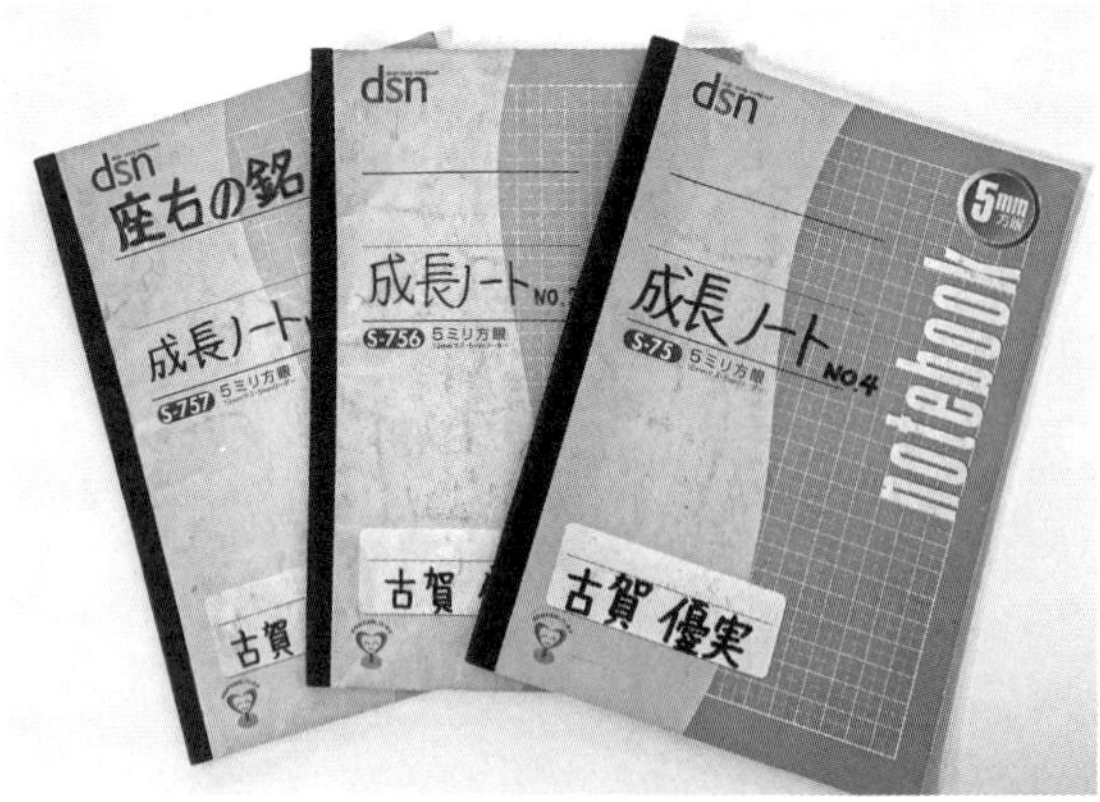


**菊池** ありがとうございました。お二人から古賀さんに質問をしていただこうと思います。横山さんから、古賀さんに何か聞きたいことはございますか。

**横山** 古賀さんは、正に「生きている学習記録」です。当人を前にしていますので、拝見していれば何も質問することはない感じはしますが、あえてお聞きするとすれば、成長ノートを書くことによって得た力というものがあれば教えてください。

**菊池** これが古賀さんの成長ノートです。例えば、私が「熟議と他の話し合いの違いは何か」というテーマを出して、成長ノートに子どもたちに考えを書かせます。その中から選んで印刷して配って読み合います。次の日には、それを読んで考えたことをさらに成長ノートに書いていく。そんなことを日々していました。古賀さん、書くということについては、どのように思っていますか？

**古賀**　書くことで自分の意見を自分で確認する。そして、その自分の意見をみんなに発信する。さらに菊池先生から意見、アドバイス、ほめ言葉を返してもらう。それを次の「成長ノート」や「私の本」につなげていく。そのサイクルが、1年間行われ、私の成長を支えてくれていたかなと思います。

**菊池**　書くということが独立してあるわけではなくて、ほめ言葉のシャワーや対話、話し合いということが結構複雑に絡んでいたと思います。広中さんからはどうですか？

**広中**　私は、クラスの中で関係性がどのように変化していったかという点に関心がありました。ほめ言葉のシャワーについて菊池先生に伺ったことがあります。菊池学級のほめ言葉のシャワーが6巡めになったときに、非言語の部分が変化してきて、ほめ言葉のシャワーの時にハグをする子が出てきたと言われました。非常に荒れた関係から始まって、徐々に子どもたち同士の関係性や子どもと先生の関係性が変わってきたのだろうと思います。すぐに変わるわけではないと思いますが、転換点というか、変わったなと気づいた瞬間とか、印象に残っていることはありますか？

**古賀**　それまでは、クラスにはトップに立つ子がいて、その子に従う子がいて、教室の陰に隠れている子がいて、暴れ回る子がいて、という感じで、グループ化していたのが、徐々にトップに立つ子を中心にみんなが上がってきて、みんなが平等になって、グループの関係がなくなり、分け隔てなくクラス全員がまとまりをもつようになっていったと思います。

**菊池**　この写真は、古賀さんがまとめた成長新聞です。中にグラフが描かれています。「私の成長曲線と自分のことが好き度グラフ」です。クラスがまとまっていったのは2学期あたりなのかなと思います。

**古賀**　そうですね。自分を教室の中で認めてもらえるようになったことで、「ああ、自分にはこういう面があるんだ」と自信をもてるようになったり、その面を自分で好きになったりして…。そんな自分の思いと自分の成長が比例して伸びていったと思います。

**菊池**　すごいですね。成長新聞には、12月までの成長年表が書かれていますが。どのあたりに大きな変化があったと思いますか？

**古賀**　9月1日に再度リセットしました。1学期にみんなで頑張って関係がよくなっていきました。その状態をさらによくしていこうという気持ちでした。始業式の時は、みんな暗い顔をして暗い雰囲気でしたが、今ふり返ってみると、2学期が始まった日には、みんな笑顔で教室に集まれていたなと思います。

**菊池**　そうですね。入学式といえば、6年生全員が代表として参加するという学校が多いと思いますが、貴船小学校ではお祝いの言葉を言うために代表の子が出て、終わればすぐに戻るというかたちの入学式でした。

私が着任したときには学習発表会を行っていませんでした。開催すると、中学生など卒業生がやってきて校内で暴れ回るからという理由です。その後、学習発表会は復活して、北九州市長も来てくれました。私にとってのキーワードは「成長」でした。教員として採用されて以来、私の中では、子どもは成長する存在、成長し合う存在だと普通に思っていました。ところが、荒れた学級の場合、成長ということが子どもたちの中に意識されていないのではないかと思います。古賀さんは成長新聞に「成長へのキーワード」と書いていますが、成長という言葉をどのように感じていたのでしょうか。みんな、結構普通に言っていましたよね、成長、成長って。あるいは、成長曲線、成長ノート、成長年表というものが日常の中にあって、日々、成長という言葉に触れ、実感しながら日々を送っていたと思います。そんな訳で、私にとっては普通なのですが、現実に出会う子どもたちは、あまり意識していないのではないかと思います。

**古賀**　少しずつ変わっているのだと思いますが、自分ではそれがどれくらいなのかはなかなか分からないことです。その成長について、菊池先生が成長ノートのコメントで「ここが変わったね」と教えてくれたり、友達同士でこういうところが変わったよねとか言い合ったりする中で気づいていったように思います。

**菊池**　要するに、自分を俯瞰して見ることができるようになっていったのではないかと思います。

**古賀**　客観的な意見をもらうことで自分も気づいて、また、そのことを自分でも客観視できるようになっていったと思います。

**菊池**　成長ノートの最後に「試練の10番勝負（注1）」という取り組みを行い、その10番めに「言葉の力とは何か」をテーマにして書き、話し合うという授業をしますが、成長という言葉を絶えず考え続けることで、客観的に自分のことを見て、自分を育てていくことができる人間が育っていったのではないかと思います。横山さん、この点についてはどうお考えですか？

## ■「成長」をめざす教室

**横山**　生き物は成長します。昆虫を例にして、チョウの変態で見てみると、幼虫がさなぎになり、その後羽化して成虫になっていきます。脱皮するときには殻が破れて痛みがあるように、

成長の過程には痛みが伴います。そして、何段階かのリセットをしていくごとに別のものに変容していきます。「成長」というキーワードは、教育の世界では当たり前のことだと思うのですが、学校の先生たちが自信をもってそのことを教えているということは、意外に少ないのかもしれません。子ども自身が自分の成長を客観視するメタ認知のレベルを加速させていくということを、教師がどこまで意識して取り組まれているのだろうかと思うことがあります。

**菊池**　我々教師が、その視点が弱いのではないかと思います。教室の中の細かなルールにこだわったり、数字で表せるような学力を変に重視したりしている学校や教室、先生は、成長する、成長し合うといった視点が欠落しているのではないかと思います。

**横山**　成績と成長は違います。人間も生き物ですから、成長していかなくてはいけませんが、肉体的な成長だけではなくて、精神的な成長を促して、公・社会に通用する人間をめざして成長していくことこそが大切です。

**菊池**　学校現場のめざす方向がずれているのではないかと思っています。学力はもちろん大切ですが、それが前面に出てくるような現状はおかしい。広中さん、12歳の子どもが1年間かけて成長ということについて考え、自身を高めていこうとする教室を取材していただいたと自負していますが、ご覧になられてどのような感想をもたれましたでしょうか？

**広中**　子どもたちが互いによく見ているなと思いました。「動作が遅い」という事実があったときに、菊池学級の「ほめ言葉のシャワー」では否定的にとらえるのではなくて、「慎重だ」と上手にほめます。それを聞いているクラスの子どもたちは、「自分は否定的にとらえていたけど、肯定的な見方もあるんだ」ということに気づいて許容度が高まるというか、いろいろな見方があるということに気づく。学級が全体として成長していく様子を感じました。もう一つ、菊池先生は当時、貴船小学校の子どもたちは代表委員会に参加したがるという話をされていました。代表委員会に参加することで、学校づくりに参画できる、自分の意見を表明することができる、というのです。子ども同士で対話をして、新たなものを築いていく体験が、物事に対して前向きになっていく基礎ではないかとおっしゃっていたことが、印象に残っています。コミュニケーションを通して、学級の土台が少しずつできていったのだと感じました。

**菊池**　左が私が考える「『授業観』試案⑤」です。全体が家だと考えてください。土台と柱があって家ができています。「①みんなと対話をする経験　②誰かに提案する経験　③みんなを巻き込んで活動する経験」と上の方に書いています。この3つが1つの授業のあり方としてめざす方向ではないかと考えています。例えば、古賀さんたちが在籍していたときに代表委員会のシステムを変えました。それまでは、5年生と6年生の代表が集まって行っていた委員会を、4年生以上の児童全員が参加する方法に変えたのです。みんなが代表委員会に参加したいと思うようになっていたからです。そこで、学校をどうしていくかについて熟議を行い、今述べた3つを踏まえた学習の方向に導こうとしました。教科の正解を求める対話・話し合いも大切でしょうけれども、それはゴールではありません。自分たちの生活をみんなで話し合って決めたり変えたりして、よりよいものにしていこうというところに対話・話し合いの根幹があるはずです。私が貴船小学校を出たあとも田中聖吾先生が取り組みを引き継いでくれましたが、田中先生が異動してしまったあとは、一気に元に戻ってしまったと聞いています。古賀さんは、こうした対話・話し合いによって自分たちの生活をよりよいものにしていこうという学びや活動

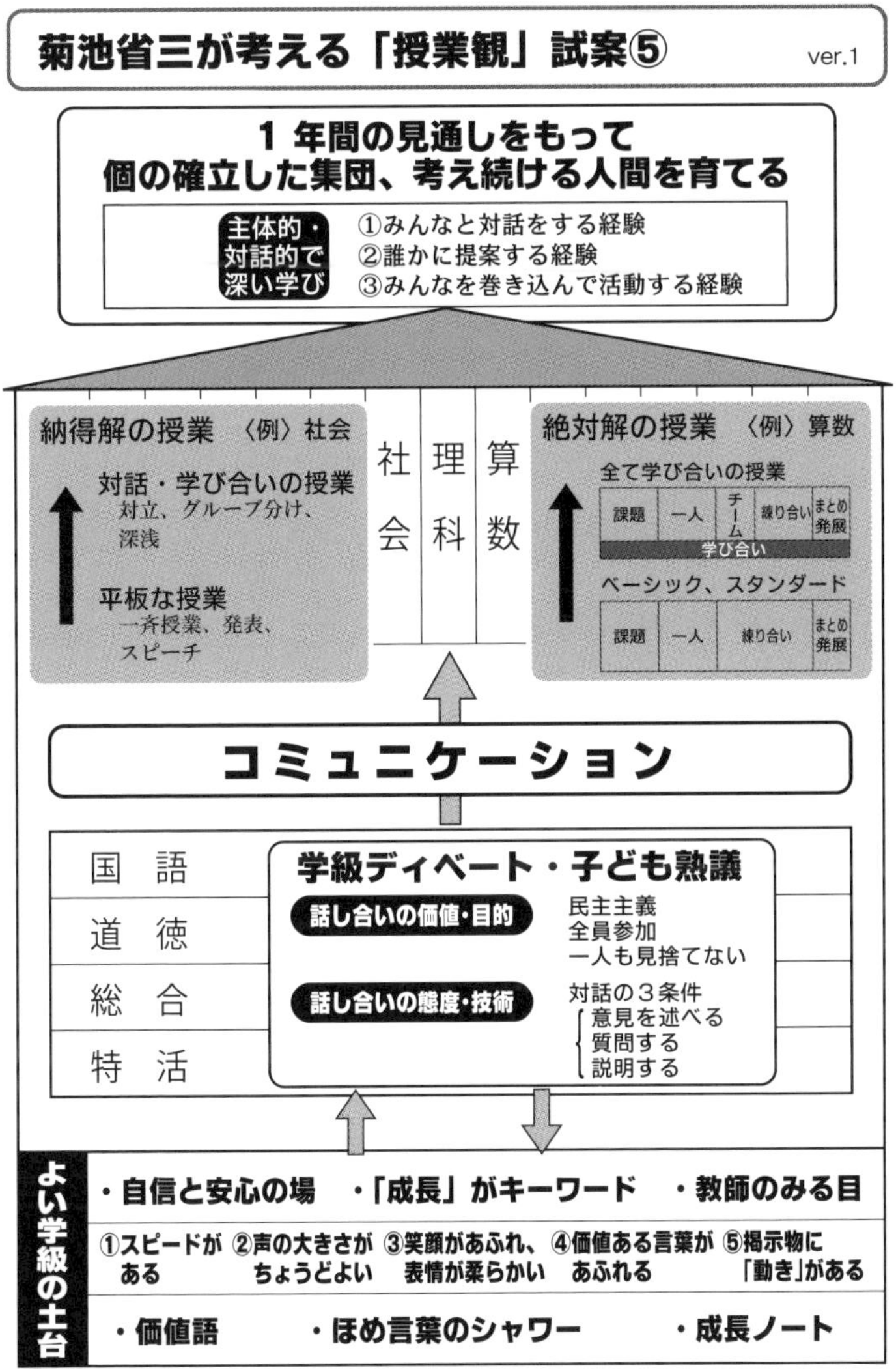
菊池省三が考える「授業観」試案⑤
ver.1
1年間の見通しをもって
個の確立した集団、考え続ける人間を育てる
主体的・対話的で深い学び
①みんなと対話をする経験
②誰かに提案する経験
③みんなを巻き込んで活動する経験
納得解の授業 〈例〉社会
対話・学び合いの授業
対立、グループ分け、深浅
平板な授業
一斉授業、発表、スピーチ
社会
理科
算数
絶対解の授業 〈例〉算数
全て学び合いの授業
課題
一人
チーム
練り合い
まとめ発展
学び合い
ベーシック、スタンダード
課題
一人
練り合い
まとめ発展
コミュニケーション
国語
道徳
総合
特活
学級ディベート・子ども熟議
話し合いの価値・目的
民主主義
全員参加
一人も見捨てない
話し合いの態度・技術
対話の3条件
意見を述べる
質問する
説明する
よい学級の土台
・自信と安心の場
・「成長」がキーワード
・教師のみる目
①スピードがある
②声の大きさがちょうどよい
③笑顔があふれ、表情が柔らかい
④価値ある言葉があふれる
⑤掲示物に「動き」がある
・価値語
・ほめ言葉のシャワー
・成長ノート

について、どのように思っていましたか？

**古賀**　それまでは、先生から一方的に教科の知識を教わるのが授業だ、というイメージをもっていました。菊池先生が担任される教室で、みんなで考えて、みんなでよりよくしていくという活動に出合いました。学校の中、教室の中に限定された話ではありませんでした。そうした経験ができたので、大学生になってからも、それを土台として、こうやってこの場にも立つことができ、社会に出ても通用する芯の部分を1年間でつくっていただいたと思っています。

## ■古賀さんへの質問

**菊池**　ここで、菊池道場全国大会に参加されている会場の皆様から、時間の関係で2名だけに限らせていただきますが、古賀さんへの質問を受け付けます。

**質問者A**　古賀さんは、どんな中学生、どんな高校生だったのか教えてください。

**古賀**　それまで人の顔色を窺ってばかりいるような性格で、自分の意見をなかなか言えませんでしたが、中学の時は学級委員とか体育祭での団長、高校では生徒会の役員などをしました。人を引っぱっていったり、人を巻き込んだりして、よりよくしていきたいという気持ちがすごく芽生えていました。自分の意見をしっかりと言える人になれたかなと思っています。

**質問者B**　古賀さんの夢を聞かせてください。

**古賀**　菊池学級に在籍していたことでお話しさせていただく機会が今までも何回かありました。ほかにそうしたことを発信している人はいないようなので、菊池学級で育った人間として発信できることをこれからも伝えていきたいと思っています。私は、成長できて、変わることができて本当によかったと思っています。菊池学級の輪を全国に広げていくお手伝いができたらいいなと思っています。

## ■コミュニケーション科の実現に向けて

**菊池**　私は今、読売新聞で月に1回程度ですが、質問に答える連載をさせていただいています。全国の教育現場を熟知されている広中さんから、これからの菊池道場に対する思いというか、こうあってほしいという熱い思いをお話しいただけますでしょうか。

**広中**　よく言われていることかもしれませんが、クラスに多様な子どもたちが集まってくる中で、子どもたち一人ひとりのよさや持ち味によって、相乗効果を出していくということを菊池先生は実践されていると思っています。多様な子どもたちが認め合い、お互いに高めていけるような学級づくりを実現していっていただきたいと思います。

**菊池**　私が教員になったばかりの頃とは違って、現在は、特別支援教育も、体制的にも内容的にも充実していると思います。ただ、「分ける」ということが変に行き過ぎてしまっているように思う場面もあります。多様な子どもたちがいるからこそ生まれるダイナミックな教育がその段階で失われてしまっていると思うのです。私は、これからも仲間と一緒に一人ひとりの個を活かした教育を実現するために努力していきたいと思います。

**横山**　子どもたちの多様性や、一人ひとりの人格から学ぶことは、教師にとって必須です。クラスの子がどれほどの人物になるかしれないわけです。多少時間がずれて生まれたから教師と子どもという関係があるだけです。多様性から学ばない教師がいたとしたら、それほど損なことはないと思います。そのことを大切にして、これからも頑張っていただきたいと思います。その上で菊池先生には、「話し合いの指導」をますます極めていっていただきたいのです。国語は、「読解」「文法」「習字」「作文」という分野で成果を収めてきたと思いますが、「話し合い」については不十分です。教科として、国語以外に「話し合い科」のようなものを設ける必要があるのではないかと考えてきました、その実現に向けて菊池先生には引き続き頑張っていただきたいのです。

**菊池**　私は、本気で「コミュニケーション科」という教科の実現をめざしたいと思っています。小学校で、1年間で35時間、6学年分の授業のカリキュラムをまとめようと動き始めています。コミュニケーションを核とした教育を創り出したいのです。その一つとして、コミュニケーション科という教科の構想を具体的にまとめ始めます。これは、学校教育だけではなかなか踏み出せないことですから、企業や学校を取り巻く様々な人たちと協力して、実現させていく必要があります。教室の中に、なんとなく話し合いの形式をもち込んで、それなりに話し合いましたよ、というレベルの現状を打破したいと思っています。

**横山**　教育の世界は、どうしてもコピーというか、何か理想的な形があってそれをそのまま教え込むという実践が多いと思います。そうではなく、目の前の子どもはそれぞれ違うわけですから、個々の子どもたちとオリジナルな形の教育をどんどん創り出していってほしいと思います。

**菊池**　戦後の教育界の著名な先生方の実践を踏まえた上で、その先を行きたいと思っています。これからの時代に必要なコミュニケーションの力を身につけた人間を育てたいと思います。最後に古賀さんから。

**古賀**　私が菊池先生から教わったことはたくさんあります。一番実感していることは、菊池先生は一人ひとりをきちんとみてくれていたことです。暴れている子を抑えるだけではなく、勉強ができる子を伸ばすだけではなく、いろいろ違う一人ひとりと接してくれました。マイナス面をプラスに変えていくことで、一人の成長によってクラス全体がよりよい方向に変わっていったと強く感じていました。人と人とのコミュニケーションが何よりも大切だということを、私はあの教室で学びました。

**菊池**　貴船小学校に6年間お世話になりましたが、朝8時くらいにJRの小倉駅に降りたところで学校に電話をして「ちょっと調子が悪いんで休みます」と伝えて、新幹線で新大阪まで行き、吉本新喜劇を見て、最終列車で北九州に帰るというようなことをときどきしていました。正直本当に大変な6年間でしたが、古賀さんをはじめとする子どもたち、多くの保護者の方、先生方に支えられることで、自分の教育観を豊かなものにしていくことができました。感謝の気持ちでいっぱいです。あの時、ずる休みしないでもっと学校に行けばよかったかな…。3人に大きな拍手を！

**【注1】**「試練の10番勝負」２０１２年度（平成24年度）の例

試練の10番勝負第1戦「私にとって6年1組とは何だったのか？」

試練の10番勝負第2戦「渡邊さんのチョンマゲは何の象徴なのか？」

試練の10番勝負第3戦「成長ノートは私の何をどう育てたのか?」
試練の10番勝負第4戦「なぜ、6年1組は話し合いが成立するのか?」
試練の10番勝負第5戦「言葉（価値語）を得て自分はどう変わったのか?」
試練の10番勝負第6戦「6年1組を漢字一文字であらわすとしたら何か?」
試練の10番勝負第7戦「『ほめ言葉のシャワー』は、なぜ6年1組を変えたのか?」
試練の10番勝負第8戦「6年1組の特徴・特長は何か?（生活編）」
試練の10番勝負第9戦「6年1組の特徴・特長は何か?（授業編）」
試練の10番勝負第10戦「ことばの力とは何か?」

# 第9章

# 教育は愛だ

■教育は愛だ

２０１９年１月13日、菊池道場は冬の全国大会ともいうべき「第３回菊池道場　冬の陣」を、大阪の追手門学院大手前中・高等学校をお借りして開催しました。

その大会は、「全国自治体・学校サミット」とのテーマを設け、全国の自治体や学校が「ぐるみ」で菊池実践に取り組む様子を報告し合うという大会でした。

自治体として、高知県いの町、大分県中津市、兵庫県西脇市、岡山県浅口市の３市１町の皆さん方と私とで、シンポジウムを行いました。

学校として、兵庫県市川町立鶴居小学校、大分大学教育学部附属小学校、山梨県甲斐市立竜王小学校、私立追手門学院大手前中・高等学校の先生方に実践報告をしていただきました。

参加された方々は、全国に実践が広がる様子を実感していただけたのではないかと思います。

そのシンポジウムに参加された荒川優子先生（当時、兵庫県西脇市教育委員会指導主事）は、2014年から私が西脇市にお伺いして取り組んでいることや、2017年から「にしわき学力向上ウィーク」を設定して、「一人も見捨てない教室」「全員が参加できる授業」の実現をめざしていることを報告してくださいました。

その中で、荒川先生は、突然、「菊池実践には『愛』がある。菊池先生の教育観は、『愛』に基づいている」との発言をされました。驚きました。こうした教育研究会の中で「愛」という言葉を語り、「愛」によって実践を評価するということの経験が全くなかったからです。そのインパクトは、強烈でした。以降、私自身が、自らの実践を『愛』だと口にすることはほとんどありませんでしたが、心の中には消えることなく残っていました。

荒川先生は、その頃発行した菊池道場機関誌「白熱する教室　第15号」に寄稿していただき、その中に次のように書かれていました。

「西脇市にも教育課題はたくさんあります。しかし、学校や教室は、子どもたちの気持ちを真摯に受け止め、深い愛情をもって向き合っていく場所であり、子どもたちが育つ場でなければなりません」

一貫した、一人ひとりの子どもたちに対する愛のまなざしを感じます。

あれから3年が経ちました。

全国行脚を続ける中で見続ける学校の現状は日に日に厳しさを増しているように私には感じられます。

現状の日本の学校の指導システムは、疲弊しています。

これほど、戦後、多くの先生方の努力によって教科の研究が進み、実践が磨かれてきたはずですが、子どもたちの幸せには直結していないのではないでしょうか?技術の是非をずっと競ってきた結果が現状であるとするならば、もう一度原点に戻ろうではないかと私は訴えたいのです。正直なところ、現在、出版されている教育書の内容の多くは、1980年代から1990年代に発表されたものの焼き直しではないかと思っています。

では、その原点とは何か?子どもたち一人ひとりを決して見捨てないこと、一人ひとりに愛情を注ぐこと、未来の可能性を信じること、学びたい気持ちを大人が抑圧してしまっていることを認識すること−そうした根底に「愛」があること。私は、今こそ「教育は愛だ」と叫びたいのです。

「愛」と「執念」と「諦めない心」でしか、今の教育の現状は変えられないと思います。どんな困難な状況でも、未来を信じて引かない覚悟をもつことです。

一人ひとりの可能性を信じ、できたかできないかだけではなく、子どもたち一人ひとりの違いを尊敬できる、そんな人間力をもった教師でありたいものです。

「授業は、エンタテイメントだ」と振り切る気持ちが今は必要だとも思います。

第7章で紹介した最後の菊池学級の内川くんや元山さんの6年後の言葉は、私の信念を正しいものだと証明してくれました。

頑張っている日常があるからこそ、過去をふり返り、未来を望むことができるのです。教室の中で、「相手と対話→テーマと対話→自分との対話」を重ねていくことで、人格が形成されていきます。それが、コミュニケーションの力です。自分の中で白熱した経験をもつ子どもたちは、キャラクターが立ってきます。菊池学級の子どもたちは、自分らしさを発揮する、キャラクターが立った子どもたちでした。

第6章の中の是永かな子先生（高知大学教職大学院教授）との対談の中で、是永先生がインクルーシブ教育の視点で、「足し算から引き算の教育へ、そして掛け算の教育へ」と提唱されました。私もまったく同感ですが、「足し算の前に割り算があるのが現状ではないか」と思い至りました。例えば、特別支援教育における「特別支援学級」と「普通学級」の分断・割り算です。あるいは、極端な言い方かもしれませんが、二項対立型の価値観の横行も割り算のような気がします。

一人ひとり違うことを前提とした「愛」に基づく教育が必要です。

私は、それを具体化するために「10割ほめる授業」を自らに課し、ほめるための「みる目」

を磨き、子どもたちと共に学ぶ毎日を送っています。

## ■私が考える「10割ほめる」への挑戦

「10割ほめる」は、私の努力目標です。「できるだけほめよう」では、どうしても子どもたちのマイナス面に目が向いてしまうので、そんな自分への戒めも込めて決めた努力目標なのです。ちなみに私の「ほめる」の定義は、「相手の価値を発見し伝え、相手やその場にいる人を笑顔と元気にすること」です。

以下、私なりに「10割ほめる」ために心がけていることの中から10個紹介します。

**1．ほめる目的を自覚し、その効果を信じる**

ほめる目的です。そもそも何のためにほめるのか、ということです。

自信をもたせる、やる気を出させる、雰囲気をよくする、人間関係をよくするなどいろいろあると思いますが、ズバリ「人間を育てる」ためだと考えます。

一人も見捨てない覚悟をもって、一人ひとりを成長させるということです。この覚悟が弱ければ、「ほめる」もただの薄っぺらな技術にしかなりません。効果もありません。

大袈裟な言い方をすれば、教師としての「人間力」だと思います。日々の研究と修養が問われると思っています。

## 2．ゴールイメージをもつ

「10割ほめるのコツ」は、教師が明確な学級づくりのイメージをもっていることです。

私は、「一人ひとりが自信をもって安心感の中で成長し合う場」が教室だと考えています。

それを実現させるキーワードは、「自信」「安心」「対話」「楽しさ」「挑む」「温かい関係性」などです。

自分が行う教育活動は全てここからスタートし、ここにつながり、ここに戻ってきます。

これがはっきりしていることで、子どもに対してほめることも揺らぎがなくなります。

## 3．ほめる身体と心をつくる

齋藤孝先生は、たくさんの著書の中でほめる身体と心について書かれています。実際にご講演でも、スタートはストレッチから始められるそうです。

硬い身体や心でほめることはできません。不機嫌さを伝染させるだけです。「ほめるなんて…」

「ほめるのは苦手」と言われる多くの先生は、ほめる身体と心になっていません。

だから、何か問題が起こると、子どもをほめて励ますことができない自分を守るために子どもや保護者の責任にするのでしょうか。

「今や上機嫌は職務です」「不機嫌は罪である」という齋藤先生のお言葉を常に心に留めておくことが肝要です。

## 4．シミュレーションをする

私のお師匠である桑田泰佑先生は、授業に積極的に参加しない生徒がいると、「今日は、この教材でこんな展開をする中で、あの子を絶対に笑わせるぞ」と決めて、授業に臨んだそうです。嬉しそうにお話をされていたことを思い出します。

教室に行く前に、授業を構想する時に、ほめるためのシミュレーションを楽しみながらしておくべきです。できれば徹底的に…。

準備8割です。子どもの学習意欲そのものへのまなざしを心がけることが、本番（実際の授業や指導）での成功のポイントだと考えます。

## 5. 布石を打つ

菊池道場兵庫支部の先生たちが、私の指示の「前フリ」について分析してくださいました（菊池道場機関誌「白熱する教室　第25号」／中村堂）。

前フリは布石です。ほめるための布石です。

・まさか関係ない話をする人はいないよね
・みんな理由を3つ以上は書こうとすると先生は思うんだけど…
・うなずくだけではなく、あいづちや質問も活発になると信じているんだけど…

と、指示の前にほめるための布石となる前フリを行うのです。それによって、子どもたちは意欲的に取り組もうとします。

そうすると、その内容を行った、行おうとした子どもたちを自然にほめることができます。

## 6. コミュニケーションを意識する

講演会等で、「どんなところをほめようと特に意識しているのですか」といった質問をよく受けます。

「子どもたちの非言語を意識してほめます」

と答えるようにしています。発言の内容もそうですが、声や表情、態度をほめるのです。

声についてだけでも、ちょうどよい大きさ、スピード、明るさ、出だしの発音などのよさをほめ、笑顔や身ぶり手ぶりなどと関係づけて価値付けることを意識しています。

もちろん、その発言までの学びの在り方や発言内容の要求レベル、その時の学級の状態なども関連させます。

ほめる視点は無限に広がります。

**7．フォロー語を多用する**

授業は対話であるとも考えている私は、プラスのフォロー語をよく口にします。授業は、
①フリ　②オチ　③フォロー
とよく言われますが、私は①②にもプラスのフォローを行おうとしています。つまり、「ほめ言葉」を言おうとしているのです。

例えば、①の「ノートに書きましょう」のあとに、「丁寧な文字で書こうとしていますね」「さっと書こうとする友達がいて素晴らしい」「1つでも書けたら合格だからね」などです。安心感を与える言葉かけでもあります。

例えば②では、「○○さんは、理由をもう2つ書いています」「『原因』という言葉を○○くんは使っていて素晴らしい」「書き終わったら隣の友達に『大丈夫？』と優しく声をかけてい

る友達もいる」といった感じです。
常に、安心して学び合える教室になるように、プラスのフォロー語（ほめ言葉）を投げかけるのです。

### 8．笑顔と拍手を生かす

私は、笑顔も拍手も「ほめ言葉」だと思っています。もっともっと教室にあふれさせるべきだと考えています。

時々、「拍手をしても…」「笑顔は確かに大事だけど…」などと言って否定的な先生もおられますが、そんな先生の教室はお通夜のようです。じっと耐えている子どもたちの辛い気持ちが分からないのでしょうか。

笑顔は伝染します。明るい雰囲気を生み出してくれます。拍手で動きが出ます。心地よいリズムとテンポを生み出してくれます。

本来の子どもらしさが出てきますから、ほめどころがますます増えるのです。

## 9．非言語も活用する

スキンシップもコミュニケーションです。握手、グータッチなども「ほめ言葉」になります。大人として扱われたと思うのでしょうか、子どもたちも喜びます。

突然、ある子と握手をして、

「どうして先生は○○さんと握手をしたのでしょうか？」

と尋ねると、

「丁寧な言葉で話したから」

「会釈をして話し始めたから」

「突然の先生からの指名でも答えたから」

などと、子どもたちは教師が言いたい「ほめ言葉」を口々に言います。

子どもたちの中に、強く「ほめ言葉」が残ります。

## 10. ほめる多様な技術を磨く

ほめる技術は多様です。例えば、

・リフレーミングして
・ペップトークで
・I（アイ）メッセージで
・未来予想ぼめで
・短所ぼめも心がけて
・具体的な言葉で
・あとに残る文字とセットで
・ほめると叱るを効果的に

など、挙げたらきりがありません。

どれも教師として磨かないといけない技術であると思います。

でも私は、その前の1から9までの基本的な考え方やベースとなる取り組みがないとダメだと考えています。それらがあって右のような多様な技術が生きると考えているのです。

「10割ほめる」ことを努力目標として掲げて実践し、子どもたちの学習意欲を重視することで、授業観も磨かれていくのではないかと考えています。当然、子どもを「みる目」も子どもへの関わり方も変わってくるでしょう。

「10割ほめる」ことは、教師も子どもたちも笑顔になる挑戦であると確信しています。

## ■飛込授業から学んだ「ほめる」7つの視点

コロナ禍が続く中でも、様々な工夫をしていただきながら飛込授業の機会をたくさんいただくことができました。第3章でも書いた「授業ライブ力」を意識しつつ、「10割ほめる」という努力目標の達成に向けて授業に挑んでいます。

ここでは、授業を変えていく「要」となる点について、私が心がけていることを紹介します。

### 1．常によさを見つける気持ちでいよう

「教師はほめるために教室に向かう」といった言葉があります。その通りだと思います。

何をどのように教えようかということだけではなく、子どもたちの何をどのようにほめようかと考えて授業を行うべきです。

発言内容だけではなく、子どもの態度行動しぐさ、目の動きや表情の変化、学び合いの時の

関わり方などです。

笑顔と明るい笑い声の差や、声の明るさの違いなども価値付けてほめることは可能です。例えば、明るい笑い声をあげた子どもには、「自己開示」「学級への安心感」「無邪気」「学びに向かう勢い」「吸収力がある」などといった価値付けが可能です。

## 2．教師が手本になろう

教師がほめることで、教室の中にほめ合う空気をつくり出します。教師は、子どもたち一人ひとりの最大の応援者であるべきです。同じ目線に立って、うなずく、あいづちを打つ、笑顔で受け入れる、拍手をする、驚きや感動を体でも表現する、などを意識するべきです。

授業の中で、

「笑顔→うなずき→あいづち→プラスの感想・よさを引き出す質問→（笑顔）」

といったサイクル図を書くことがあります。対話のサイクルとして示すのですが、授業も子どもたちとの対話だとすると同じことが言えるのではないかと考えます。

まずは教師がお手本となるべきです。自分ではしているつもりでも、実際はあまりできていないものです。「2割増しで大きく」を心がけたいものです。

子どもたちは、教師を見ています。見せている、見られているということを常に意識するべきでしょう。

これからの教室では、教師のパフォーマンス力が問われています。

## 3．ほめ合う空気をつくろう

飛込授業で私はよく、「いい意見だなあと思ったら、『なるほど！』とか『え〜っ！』とか『さすが〜！』とか拍手を送るとか、リアクションしましょう」と声かけをします。

第5章で、対話・話し合い力の「チェックリスト」を示しました。その中で取り上げた共感力の

①友達の発言を笑顔で聞き合っていますか
②素敵な発言にほめ言葉がありますか
③称賛の自然な拍手が起きていますか

という3つの項目とも通じることです。

菊池道場は、学習意欲を重視する授業観に立っています。楽しさが学習意欲を高めると考えています。学び合える教室は、ほめ合える教室だと私は考えています。

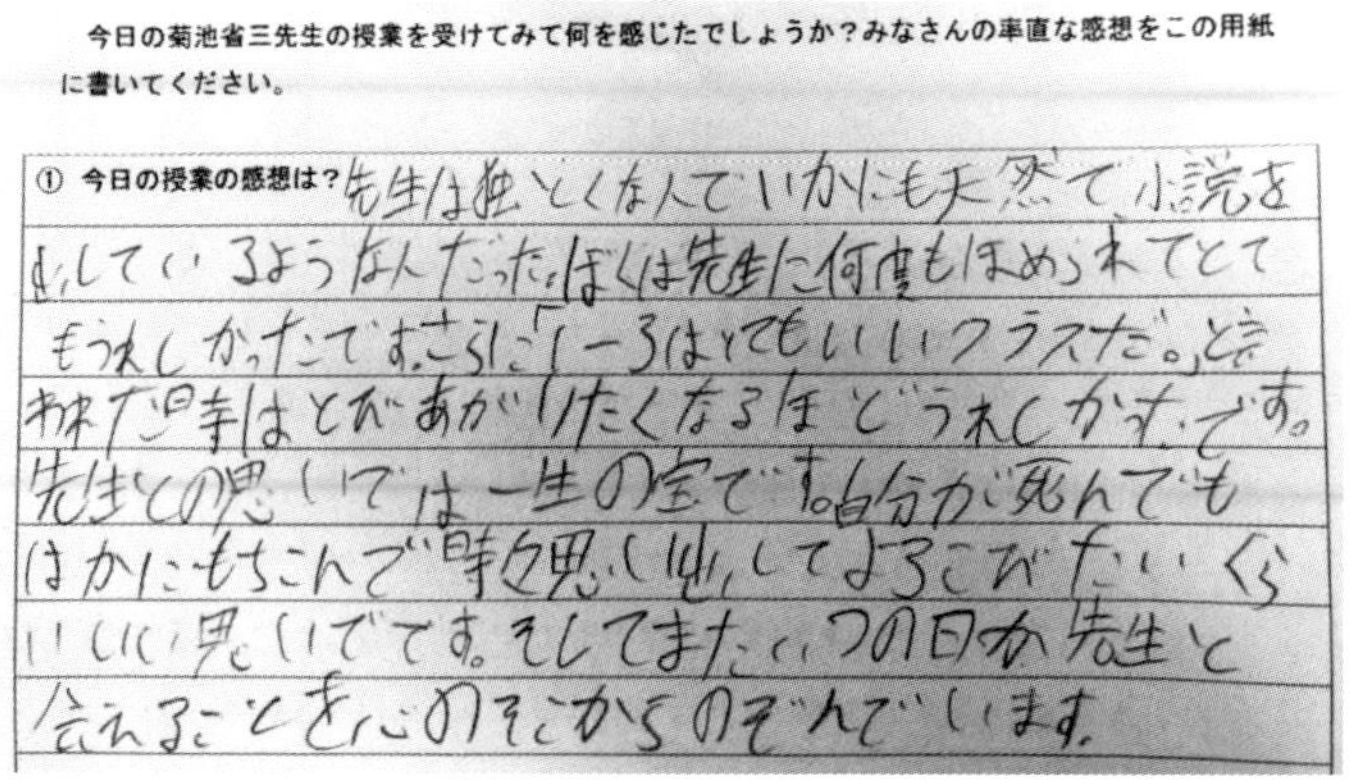
今日の菊池省三先生の授業を受けてみて何を感じたでしょうか？みなさんの率直な感想をこの用紙に書いてください。

① 今日の授業の感想は？ 先生は独とくな人でいかにも天然で小説を出しているような人だった。ぼくは先生に何度もほめられてとてもうれしかったです。さらに「1-3はとてもいいクラスだ。」と言われた時はとびあがりたくなるほどうれしかったです。先生との思いでは一生の宝です。自分が死んでもはかにもちこんで時々思い出してよろこびたいくらいいい思いでです。そしてまたいつの日か先生と会えることを心のそこからのぞんでいます。

## 4. 個と全体をつないでほめよう

個別にほめるだけでは、その効果は小さいと考えます。一人のよさを全体とつないでほめるべきです。

子どもたちは、教室の仲間と共に成長するのです。集団の中で成長し合うのです。

「○○さんの～～という発言は、相手を思っての優しい前向きな内容です。プラスの内容です。安心できる空間だからプラスの内容の意見が出てくるのです。そんな安心感をみなさんが出しているのですね。学級の力も伝わってきます」

といった言葉かけでつないでほめるのです。

## 5. 学級全体をほめよう

上の写真の子どもの授業後の感想を見てください。

中学1年生です。友達とのトラブルも多い子どもだと言われていました。でも、

「1－3はとてもいいクラスだ」

と言われた時はとびあがりたくなるほどうれしかったです、と書かれています。

4で書いたこととつながるのですが、個や班をほめるだけではなく、学級全体をほめることの効果は大きいのです。どんなに「気になる子」も教室（学校）の一人です。子どもたちは、「友達」だと思っています。そのような子どもにこそ、安心できる所属意識をもたせたいものです。

**6．リーダーを育てるほめ言葉を意識しよう**

「社会を生きぬく力は小学校1時間の授業にあった」（中村堂）の中で、牧野真雄愛媛支部長が次のように書かれています。

「これらの言葉の植林と、挙手発表、拍手、立ち歩き相談などの行動体験を教室中にあふれさせることで、リーダーシップを発揮する子どもが徐々に増えていきます。こうなってくると、菊池先生は列指名をせずに自由起立で子どもたちにどんどん発表させていきます。こうしてスポットライトが当たり成功体験を強めることで、子どもたちはさらにリーダーシップが強化されていきます」（P．135から引用）

重要な指摘だと思います。

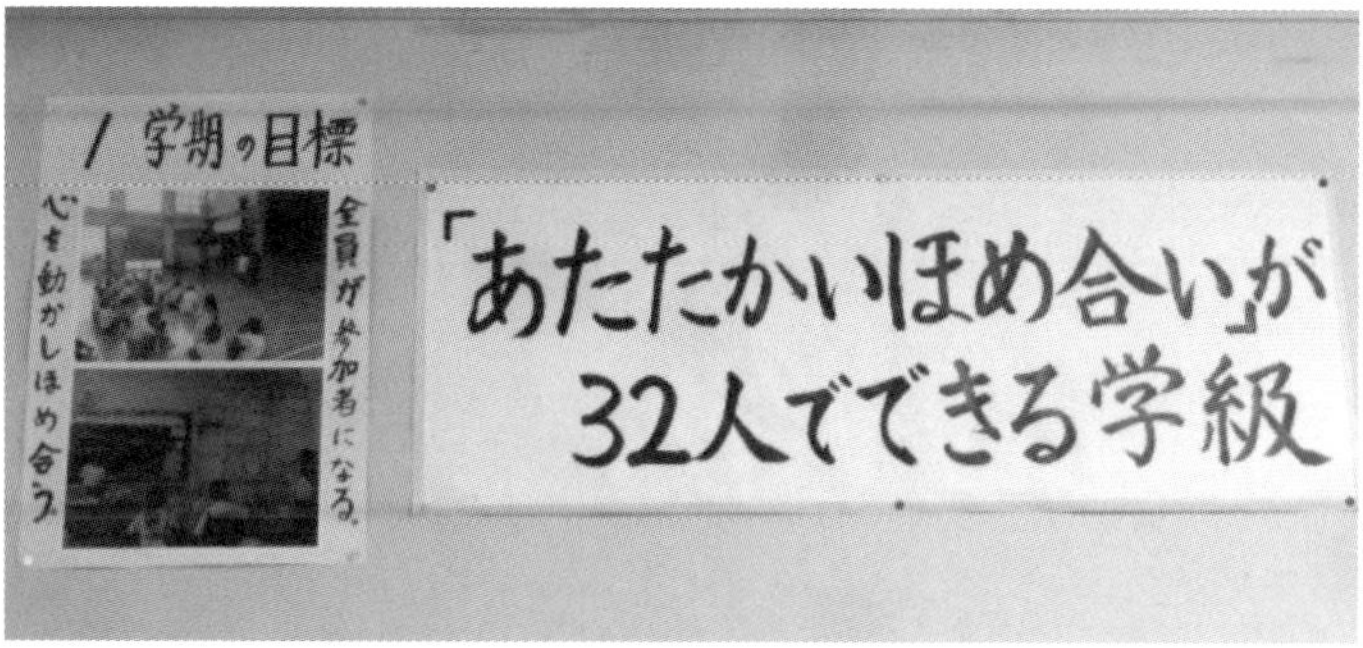


「あなたのその行為が、みんなをより高めていくのです」
「あなたのおかげで、集団が進化していくのです」
「学級としての高まりの表れが、今の話し合いにも出ているのです」
といった言葉かけが、普通に出てくる教室にしたいものです。

**7. ゴールイメージをもってほめよう**

先生方に、
「どんな個、どんな集団を育てたいのですか？　どんな授業をしたいのですか？」
とよく問いかけます。
明確にそれらを語り、1年間の見通しをもって指導できる教師でありたいものです。
すべての教育活動は、そこからスタートし、そこにつながっているはずです。
学級目標、学期目標、成長年表はもちろん、成長ノートのコメント、ほめ言葉のシャワーのアドバイスなども、全て教師のゴールイメージによって決まるのです。「今のあなたの発言は、「その話し方も含めて温かい人間関係をめざす教室にふさわしいですね」

「○○くんの行為は『一人が美しい』ですよね。みんながめざす健全な集団につながっていますね」

ゴールイメージが明確だからこそ、ほめる言葉にも力が宿るのだと考えています。

## ■「タックマンモデル」と出合って思い出したこと

タックマンモデルに出合って、過去の実践を思い出すことが多くなりました。

そして、「あっ、あの時のことは○○期だからか」「あれが○○期の出来事だと言えるんだな」等と思い出すことが増えています。

その中から代表的なエピソードや取り組みをいくつか紹介します。

## 1. 慟哭

伝説の貴船小学校時代です。5年生まで学級崩壊していた6年生とのことです。まがりなりにも新年度がスタートした4月の下旬。授業が始まっても数名の女子が教室にいません。いやな予感がしました。

「せっかく、それなりに順調にきていたのに」そんなことを思いながら、ほかの子どもには自習を告げて校舎内を探しました。

集中下足場に子どもたちは座り込んでいました。私に気づいても表情は変わりません。無表情でちらっと互いに顔を見合っただけでした。根深いつながりだなと感じました。

「約束したよね。こんなことをもうしないと」

少し離れてしゃがんだ私はこう声をかけ、その後は黙っていました。

10分ほど過ぎた時に、一人の子が涙をため、絞り出すような声で、「したくないんだけど、もうこんなことしたくないんだけど…」

とつぶやき、すぐに泣き崩れました。

それと同時に、全員が声を出さずに体を震わせ始めました。しばらく続きました。

変わりたいけれども変われない。変わろうという思いを互いに信じ切れない。群れてはいけないと分かっていながら行動が伴わない。

子どもたちの苦しさが伝わってきました。

## 2. 啐啄

NHK「プロフェッショナル　仕事の流儀」でも放送された出来事です。ディベートの試合で、「反則」をした井上くんとそのことについての学級全体への帰りの会での指導の場面です。

私にとって、「個が育つためには周りが育たないといけない。周りが育つと個も育つ」という考え方は、当時ももちろん確信していたことでした。啐啄という言葉も以前から意識して口にしていました。

ですから、あの指導は「当たり前」のことでした。ディレクターの「なぜ、個人のことを全体に知らせるのか?」という質問に逆に驚いたぐらいでした。

井上くんと周りの子どもたちの成長意欲を感じて、「全体に取り上げて話すことで、彼は変われる。教室がまた一歩成長する」と私が確信したから、あのタイミングで話したのです。「親分」と言われていた彼と、その影響下にいた周りの子の不安を取り除かなければいけなかったのです。子どもたちの中に出来上がっていた「同調圧力」をなくす指導が必要だったのです。

## 3. 教室の3条件

小倉中央小学校の最後の「菊池学級」でのことです。5年生時の下堂薗くんと学級全体のことです。

年度初めから授業中も寝ている彼でしたが、「2・6・2の法則」でいう「6」が、上位の2に行き始めていると判断した6月下旬に、私は教室全体を強く叱りました。

「君たちの責任だろう。こんなにひどくなるまで（下堂薗くんを）放っておいて。友達だったら注意するだろう」

と、寝ている彼を前にして全体を厳しく叱ったのです。子どもたちは驚いたと思います。が、多くの子は耳を傾けてくれていました。

その後、有田和正先生の、「教室の3条件」の話をしました。

もちろんすぐに急激にというわけではなかったと思いますが、教室内の彼への関わり方や彼自身の意識は大きく変化したと思っています。この指導までに3か月かかりました。

## 4. ダンス係

第6章の是永先生との対談でも触れたことですが、最後の菊池学級の5年生の時のことです。2学期の中頃の放課後のことです。

私が学校横のコンビニの駐車場にいると、学級の女の子2人が歩いてきました。彼女たちは、2学期最初の係決めの時に、ダンス係をつくりたいと言ってきた2人です。

「みんなが楽しめるようなものであればいいですよ」

私は答えたものの、新しい係なだけに私の不安もありました。そのあたりを察知したのか、彼女たちの活動はほとんど動きのない状態でした。時々、流行りの歌を流しながら練習しているのを見かける程度でした。

近づいてきた2人と目が合った瞬間、私は剛力彩芽さんのダンスを踊りました（踊ったつもりです）。彼女たちの練習風景を見ていたので…。コンビニの駐車場で…。「ダンス係応援しています。楽しみです。頑張ってね」の思いを込めて…。

私の動きに一瞬驚いた2人でしたが、すぐに笑顔になり、挨拶をして去っていきました。心なしか安心した表情でした。

その後しばらくたって、教室内にダンス文化が爆発しました。彼女たちが火つけ役です。子どもの不安を消すのが教師であると再認識した出来事です。

**5．成長曲線**

日本テレビ「ニュースＺＥＲＯ」の取材があった年の9月のことです。6年生を担任していました。その時の取材は、「学級崩壊～いじめ～」がテーマでした。

授業等の取材が終わった放課後の教室で、「菊池先生、とても素晴らしい子どもたちでした。前年度に崩壊していた教室には全く見えませんでした。そもそも1年間のいつ頃子どもたちは変わるものなんですか？」

といった質問を受けました。

その時は確か以下のように答えました。「見た目は4月には整います。例えば席に座るとか、とりあえず教科書等を出すとか。でも、グッときたかな、内面が本当に力強くしなやかになってきたな、などと思えるのは11月から12月ぐらいですかね。大体毎年そうです。その頃から一気に加速する感じです」

成長曲線でいう右肩上がりに加速する時期です。タックマンモデルの標準期から達成期にかけてがこのような感じではないかと思います。

## 6．学校行事

私が勤務していた頃の北九州市は、11月上旬に多くの学校が「学校開放週間」を設けていました。この期間中は、教室に誰が来てもＯＫという取り組みです。

担任している子どもたちは、毎年この取り組みを楽しみにしていました。全国から多くの方が集まるこの非日常の取り組みを通して、自分や自分たちの成長を実感できるからでしょう。大人とのコミュニケーションを子どもたちは毎年楽しんでいました。

「私たちの成長を見てもらおう。アドバイスを次に活かそう」

というのが、子どもたちの合言葉でした。

多くの方の「ほめ言葉」が、子どもたちの成功体験を増やしていくことになりました。

スタートの4月からもそうですが、行事に全員で取り組み、そこで得た自信を次への取り組みに活かしていったのです。

自信を得た子どもたちのことを、「強い学び手として育ってきた」と私は表現していました。自立していく子どものことです。

**7．社会化**

菊池学級は、毎年いろいろな形で教室を飛び出していました。学びの発信です。学びの「社会化」です。

例えば、
・新聞等に投稿
・西日本地区大人と子どもの語り部大会参加

・九州地区ディベート大会参加
・福岡県アンビシャス運動ディベート参加
・メールマガジン発行
・書籍出版（コミュニケーション大事典）
・テレビ、ラジオ、雑誌取材
・学校開放週間以外の教室開放
・セミナーや講演会への自主参加

など、全て学級独自の取り組みです。ダイナミックに学びを教室の外にも求めました。

「菊池学級は、どこまで成長するのか予想がつかなかった」という保護者からいただいた言葉が今でも強く印象に残っています。

## ■最新学習歴の更新

学習学を提唱される本間正人先生から、「最新学習歴の更新」という価値語を学びました。本間先生は、

「学習学では、『最終学歴』も大切だと考えますが、それ以上に『最新学習歴』をより重視します。学習学の考察の対象は、人生の『すべて』なのです。社会の中で成功している人は、不断に『最新学習歴の更新』に努めてきた人だと言っても過言ではないと思います。全国各地の菊池道場に集う方々は、まさに日々、『最新学習歴の更新』に余念のない、学習学のロールモデルと言えるでしょう」（菊池道機関誌「白熱する教室　第8号」P．107から引用）」

と教えてくださいました。

学びに終わりはありません。学び続けることによってこそ、教師は教師として、子どもと共に成長できる、という私の信念を最後にお伝えして、新たな学びの旅に出発いたします。技術とスローガンだけでは何も変わらないのです。

「愛」と「執念」と「諦めない心」で進みます。

# おわりに

「プロフェッショナル　仕事の流儀」のプロデューサーが取材中におっしゃった、「上司から、『番組に取り上げた人が、その後幸せになるような番組をつくりなさい』と言われています」という言葉が、印象深く残っています。

あれから、10年という時間が経ちました。番組への出演がなかったら、今の自分はないと確信します。その意味で、私は、本当に幸せな時間を過ごさせていただきました。

激動の10年間でした。放映から1年後に「第1回ほめ言葉のシャワー全国大会」を大阪で開催しました。途中、名称を「菊池道場全国大会」と変え、回を重ね、本年（2022年）7月末に第10回大会を開催するに至りました。正直、ここまで続くとは思っていませんでした。多くの仲間に支えられながら、今日までやってくることができたことを誇らしく思います。

当然ですが、あれから私も10歳年齢を重ねました。まだまだ、元気なつもりですが、本書でも若干触れていますが、途中、入院して手術をするという思わぬ事態もありました。その後は、安堵と感謝の気持ちを抱きつつ、相変わらず全国を駆け巡る日々を続けています。

自分がしている「授業を変えよう」という取り組みは、「授業が変わる」まで続けなくては意味がありません。「コミュニケーション科」実現の意味はそこにあります。
　そうした中、私と心を同じくしてこの運動に取り組んでいただける若き教師集団を育てる必要性を本気で考え始めました。よいタイミングで、自宅の隣の空き家を買い取って「新 菊池道場」を作ることができました。そこで、本年5月から「菊池道場次世代育成連続講座」をスタートさせました。1泊2日の講座を1年間に6回行うという本格的な講座です。次世代の日本の教育を背負って立つ教師を育てたいと思っています。手法や技術を超えた、愛に満ちた教育を創造していくことを決意しています。

　最後に、この10年間、私の取り組みを、菊池道場の運営と出版の側面で支えてくださった中村堂の中村宏隆社長に感謝申し上げます。この本の完成にも多大な応援をいただきました。
「愛」と「執念」と「諦めない心」でこれからも前に進みます。
日本の教育、そして、日本の未来のために。

２０２２年７月　菊池道場　道場長　菊池省三

**【初出一覧】**

第１章　授業を変えよう　書き下ろし

第２章　日本全国の学校を訪ねて　書き下ろし

第３章　教師の授業ライブ力を考える

「白熱する教室　第29号」菊池流 ファシリテーターとして心がけていること

「白熱する教室　第16号」話し合いを成功させる「66」の言葉と「22」のポイント

「白熱する教室　第22号」対話型授業を成立させるために「ほめて・認めて・励まそう」

「白熱する教室　第23号」なぜ「挙手→指名→発表」の授業から脱却できないのか

第４章　若手教師に伝えたいこと

「白熱する教室　第17号」若手教師に伝えたい教授行為に込める思い～その１

「白熱する教室　第18号」若手教師に伝えたい教授行為に込める思い～その２

「白熱する教室　第19号」若手教師に伝えたい教授行為に込める思い～その３

第５章　「コミュニケーション科」の実現をめざして

「白熱する教室　第20号」「コミュニケーション科」への挑戦～その1

「白熱する教室　第21号」「コミュニケーション科」への挑戦～その2

「白熱する教室　第24号」 子ども熟議を成功させる指導者の心得10

「白熱する教室　第25号」「コミュニケーション科」の授業成立に向けて
～「対話・話し合い力」学級診断チェックリスト～

「白熱する教室　第15号」楽しみながらコミュニケーション力を育てる10の授業

第６章　ドキュメンタリー映画「挑む」三部作を制作していただいて

「教師　菊池省三　オフィシャルブック」（2017年9月／中村堂）

「白熱する教室　第26号」筒井監督寄稿

対談は、新規文字起こし

第７章　教え子たちとの対話

映画「教師×人間　菊池省三　挑む第三部」等から

第８章　「菊池学級」を証言する

「白熱する教室　第19、20、21号」「菊池学級」を証言する

第９章　教育は愛だ

「白熱する教室　第26号」私が考える「10割ほめる」への挑戦

「白熱する教室　第27号」飛込授業から学んだ「ほめる」7つの視点

「白熱する教室　第28号」「タックマンモデル」と出合って思い出したこと

書き下ろし

**【Special Thanks】**

筒井勝彦氏（映画監督）、是永かな子氏（高知大学教職大学院教授）、
広中正則さん（読売新聞東京本社教育部デスク（当時））、横山英行さん（小学館元編集長）、
古賀優実さん（北九州市立貴船小学校2010年度卒業）
菊池学級の教え子の皆さん

●著者紹介


菊池省三（きくち・しょうぞう）

1959年愛媛県生まれ。「菊池道場」道場長。元福岡県北九州市公立小学校教諭。山口大学教育学部卒業。文部科学省の「『熟議』に基づく教育政策形成の在り方に関する懇談会」委員。2022年度（令和４年度）高知県いの町教育特使、大分県中津市教育スーパーアドバイザー、三重県松阪市学級経営マイスター、岡山県浅口市学級経営アドバイザー　兵庫県西脇市教育スーパーアンバサダー、山梨県富士河口湖町教育アドバイザー、滋賀県湖南市学力向上アドバイザー　等。
著書は、「『５分の１黒板』からの授業革命 新時代の白熱する教室のつくり方（コミュニケーション科叢書３）」「社会を生きぬく力は　小学校１時間の授業にあった（コミュニケーション科叢書２）」「温かな人間関係を築き上げる「コミュニケーション科」の授業（コミュニケーション科叢書１）」（以上　中村堂）など多数。



授業を変えよう

2022年８月１日　第１刷発行

著　／菊池省三
発行者／中村宏隆
発行所／株式会社　中村堂
〒104-0043　東京都中央区湊3-11-7
湊92ビル4F
Tel.03-5244-9939　Fax.03-5244-9938
ホームページ　http://www.nakadoh.com

編集・印刷・製本／株式会社丸井工文社





ISBN978-4-907571-83-2